# いつでも
# 会社を
# 辞められる
# 自分になる

ミドル世代専門転職コンサルタント
黒田真行

SUNMARK
PUBLISHING

# はじめに

## 労働力不足なのに厳しい「ミドル転職」市場

新卒採用が空前の「売り手市場」になっているというニュースをご覧になったことがある人は多いのではないでしょうか。

少子化に伴う若者人口の減少を受けて、就職したい学生よりも採用したい企業の数が多い。日本は今、そんな状況になっています。

労働力となる15～64歳の人口が減り続けていて、さまざまな業界で中小企業が人手不足を理由に存続の危機にさらされ、実際に倒産していたりすることをご存じの方も少なくないと思います。

だからといって、**今やどんな人でも引っ張りだこになっているのかといえば、必ずしもそういうわけではありません。**

確かに若者や一部のサービス産業などでは、企業の採用意欲が旺盛なケースもあります。しかし、とりわけ頭脳労働を中心とする**ホワイトカラー自体の需給については、むしろ厳しくなってきている**という印象を私は持っています。

私は１９８８年にリクルートでキャリアをスタートさせ、転職サイト「リクナビＮＥＸＴ」の編集長や、転職したい人と採用したい企業をつなぐ転職エージェント大手の「リクルートエージェント」でマッチングの仕組みを作る部門の責任者を務めるなど、30年以上にわたって「人と仕事」が出会う転職市場に関わる仕事をしてきました。

２０１４年にはリクルートを退職して、実力に関係なく年齢だけで不採用になりがちな「35歳以上のミドル世代」専門に転職支援を行う事業で独立。数多くのミドル世代のキャリア相談を受けてきました。

そんな私の目から見ても、今の労働市場は、これまでに経験したことのない状況に直面しています。

売り手市場になる一方で、会社から大事にされる人と、そうでない人が二極化し、これまでまだら模様だった業界や職種でも、求められる能力の優劣がはっきりしてきているのです。

また、これまでの人材サービス業界では正社員、アルバイト、派遣といった雇用形態に分かれて採用サービスが運用されてきたのに対して、今は年収２００万～３００万円台の仕事と、年収４００万～７００万円台の仕事、といったように「低収入層」と「高収入層」の階層分離が明確化し始めています。

しかも、高い付加価値を生み出し、高い報酬を得ている「高収入層」はどんどん少数精鋭化しながら、さらに年収が上がり続けています。**対して、報酬水準で見て「中間層」あたりに位置していた大量の人たちの年収が下がり、中間層の報酬が次第に下方化し始めている**のです。

二極化が広がりながら、底も抜け始めている、と言ってもいいかもしれません。**「自分には他人事だ」と思っている20代や30代前半の人も、十数年という時間が経てば確実に自分ごとになってきます。**

## 想像もしていなかった「厳しい事態」に直面するミドルたち

そして、**年収が下方化し、「低収入層」に飲み込まれ始めている中間層の人の中に**

**は、多くのホワイトカラーが含まれている、**ということに注意する必要があります。

ＩＴ化の進展により業務はますます効率化。ＡＩ（人工知能）の進化がさらにそれに拍車をかけ、これまで人の頭や手足を使ってやっていた業務の一部または全部がコンピュータで自動化されるなど、ホワイトカラーの仕事がどんどんテクノロジー化されてきています。

たとえば、転職エージェントでも、熟練したキャリアアドバイザーにしかできなかった複雑で高付加価値なアドバイスや、それに合致する採用企業の紹介などといったような高度な業務が、ＡＩにどんどん取って代わられているのです。

テクノロジー活用が進んでいる転職エージェントの中には、キャリアアドバイザーの数は変わっていないにもかかわらず、転職決定人数が従来の3倍になったという会社もあります。

転職エージェントと同じようなことは、製造業やサービス業、商社、金融機関など、さまざまな業界ですでに起こっているはずです。**ホワイトカラーの出番が、どんどん少なくなっていく。**リアル店舗を介さなくても、インターネット上で完結するようなサービスもまだまだ増えていくでしょう。

私が想像するのは、20世紀に労働者の主流を占めていた**ホワイトカラーという働き方は今後、極めて限定的になっていく**という未来です。

そんな中で、ホワイトカラーが自分の身柄を丸ごと、どこかの会社に引き受けてもらう、生涯にわたって雇ってもらうという生き方は、確実に難しくなっていくと考えています。

そうなれば、**会社員を継続するにせよ、副業をするにせよ、前提として一人の起業家、またはソロプレイヤーとして身を立てていく意識を持っていなければ、生き残っていけない**可能性が高くなっていきます。

この変化を本気で受け止められない人は２００万円台、３００万円台という年収の下方化の波に飲み込まれてしまう恐れもあるでしょう。

しかし、多くのホワイトカラーの皆さんの意識は簡単には変わりません。実際、すでに、35歳以上の、いわゆる文系総合職の転職はどんどん難しくなってきています。

人手不足が叫ばれているのは、若年層のＩＴエンジニアや一定分野のスペシャリストか、建築、土木、介護、物流などの業界で現業者として働く、いわゆるエッセンシャルワーカーと呼ばれる分野が中心になっています。

労働力人口が減少している一方で、さまざまな業界で進む競争激化、構造変化を背景としたリストラや早期希望退職によって、多くの中高年がホワイトカラーの労働市場から出ていかざるをえない状況は続いているのです。**40代になって初めて転職市場に出ることになり、想像もしていなかった厳しい事態に立ちすくむ人は決して少なくありません。**

前職では年収1500万円の部長の立場で仕事をしていた人が、転職の相場感をつかみ損ね、50社、100社と書類選考で落ち、1年後に耐えきれずに時給1000円のアルバイト職にありつく。こんなケースも現実に数多く存在します。

## 「いつ会社を辞めてもいい自分」になるために

今、労働市場はこれまでにない変化の時代を迎えています。

多くのミドルの方の転職のお手伝いをする中で知りえた、これから長く仕事キャリアを築こうとされる方に知っておいてほしいことを本書にまとめました。

このあとお読みいただく第1章では、ミドル世代の転職のリスクとリアルを知っていただき、第2章では、どういう考え方であれば転職がうまくいくのかをお伝えします。

第3章では、ご自身が納得のいく選択をするための、自らのスキルの棚卸しと、職場環境や業界の見極め方についてお話しします。

そして第4章では、実際に転職や副業、あるいは独立にどう取り組むとよいかについてお話しします。

最終の第5章では、転職でも独立でもまたそれ以外でも、自分を「株式会社」ととらえ、「経営」していくことの大切さ、「雇われない」という考え方についてお話しします。興味を持たれたところから、お読みいただければと思います。

**いつでも会社を辞められる人ほど、今いる会社で必要とされ続けるでしょう。**
**いつでも会社を辞められる人ほど、転職活動の選択肢は増えてひっぱりだこです。**
**いつでも会社を辞められる人ほど、独立後の成功確率は上がるでしょう。**

つまり、キャリアを築いていこうとするとき、「いつでも会社を辞めても大丈夫な人である」ことは、ビジネスパーソンにとって高次元で自分を守るキャリア戦略になり得ると考えています。

仕事とは、命の時間を使い、自分を注ぎ込む尊いものです。**ご自身にとって納得のいくいいキャリアとは、いい人生そのものを意味する**と思います。

くしくも、今はこれまでの常識が覆り、新しい考え方、新しいやり方がたくさん生まれる時代です。本書が、ご自身のこれまでの常識をアップデートし、新しいまなざしでご自身のキャリアを見直していただく機会として、お役に立てばと願います。

そして、ご自身の大きなポテンシャルに出会っていただけることを願っています。

黒田真行

## 目次

### はじめに



第1章

# 35歳からの転職のリアル

**ミドル以降の「転職のリスク」を察知せよ**

### 見たこともない「二極化」の時代がやってきた



### 35歳以降「5歳ごとに倍々ゲーム」で転職の難易度は上がっていく

第2章

# 「いつ辞めてもいい人」はこんな人

## 会社を辞めてもいい人に共通するマインド

## 「高い目標値へ走り続ける」というキャリア防衛術



## 「速く走る」ではなく、「走り続け」られるか？



## 「タテ」と「ヨコ」のつながりが広い人

第3章

# 「自分」と「スキル」を見極める

## 自分棚卸しの具体的方法

第4章

# 「理想的な転身」をかなえるために

## 転職活動で心得ておくといいこと

# 第5章 「雇われない」で生きていく

## 「雇われない意識」が、最強の会社員を作る

装丁　小口翔平＋嵩あかり（tobufune）
本文デザイン・図版　石川清香（Isshiki）
本文DTP　天龍社
編集協力　鷗来堂
構成　上阪徹
編集　武政秀明（サンマーク出版）

# 第1章

# 35歳からの転職のリアル

## ミドル以降の「転職のリスク」を察知せよ

01

# 見たこともない「二極化」の時代がやってきた

## 「中途半端なホワイトカラー」がいちばん危ない

日本のホワイトカラーの収入格差は、職種と企業の両面で二極化が進んでいます。データ分析やＡＩ開発などのデジタル人材、Ｍ＆Ａや経営企画などの専門職に加え、総合商社や工場自動化、半導体関連機器などの高収益企業に勤める社員の年収は高水準で推移。一方、一般的な事務職や収益力に課題を抱える企業の従業員の収入は伸び悩み、格差は拡大傾向にあります。

その要因は、グローバル競争下での企業間格差が、個人の収入にも影響を及ぼしていることにあります。**報酬水準で見て「中間層」あたりに位置していた大量の人たちの年収が下がり、中間層のポジションが次第に下方化し始めている。**この流れは今後も加速するものと思われます。

01

第1章

# 35歳からの転職のリアル

## ミドル以降の「転職のリスク」を察知せよ

この三十数年、労働市場を見続けてきた私からみても、これまでになかった大きな変化です。**35歳以上のミドル世代にとって特に切実ですが、それ以下の若い世代にとっても年数が経っていくと他人事で済まなくなってきます。**

かつて高年収だった人たちが年収２００万円台、３００万円台になっていく流れはますます加速していくでしょう。自分の得意分野を活かせる正社員ホワイトカラーの仕事に就くことができず、非正規の時給の仕事、経験したことのない作業を中心とする仕事に就くことになった人たちが増大しているのです。

一方で、数は減っているけれど、年収を大きく上げる人たちもいます。たとえば、新たな商品やサービスを生み出したり、業務プロセスの革新のため、大量に蓄積されたデータ（ビッグデータ）を分析するデータサイエンティストなどといった、スペシャリスト人材です。

端的に言えば、ホワイトカラーが減っていき、アルバイトやパート、現場職の構成比が増え、**報酬水準のばらつきが全体的に以前より下ぶくれになってきている**のです。

この先を予想すると、**中途半端なホワイトカラーは、どんどん下方に押し流されていくリスク**があります。

とりわけ、この流れの直撃を受けるのは、1990年代から2010年代に総合職で入社した営業職や事務職などのホワイトカラーの人たちです。

## 「銀行の支店」で働いていた人はどこに行ったのか

「自分は大企業にいるから大丈夫だ」と思っている人もいるかもしれませんが、どんな人であれ、未来のリストラ予備軍となりうる可能性はあります。

そして実際に早期退職で会社から出て行ってしまうと、自分を守ってくれていた見えないシールドから出ることになります。そこにあるのは激しい雨風に直接さらされる厳しい環境です。

すでに企業の採用活動も大きく変わってきていて、新卒でも職種別採用が行われ、採用する職種を限定し、たとえば「エンジニアしか採用しない」という会社もあります。狭いストライクゾーンを通過して、鍛え上げられたスペシャリスト以外、必要としなくなる会社が増えていく可能性が高まっています。

わかりやすいのは、金融業界です。銀行は、支店がどんどん閉鎖して、便利な立地にあった店舗がスターバックスやコンビニエンスストアに替わっていったりしています。支店の代わりに置かれていたATMすら、インターネットバンキングに置き換えられて減らされようとしている。

**これまでは、融資や金融商品販売などのために担当エリアの中小企業を回る営業や支店を訪れる個人の顧客に対応する事務職が大量にそこで働いていたわけですが、店がなくなった今、こうした人材はほとんど必要がなくなっています。**

銀行ですら顧客との接点はどんどんインターネットにシフトしていて、顧客が自らの手でさまざまなサービスを利用していく方向に移行しています。そのほうが明らかに効率が良く、収益率も上がります。逆に、そうしたWEBサービスの仕組みを開発するエンジニアこそ銀行に必要となる。

実際、エリアの中小企業を担当し、定期的に訪問を繰り返していた大量の営業の人たちは、大幅縮小の波に晒《さら》されているのです。まさに、1990年代からの大量採用で入社した総合職が担ってきた仕事です。

## 「あの頃はよかった」ノスタルジーが現実を見えなくしている

銀行の支店が次々に閉鎖されていく中、危険を察した人たちは、すでに新たなキャリアを求めて外に出て行っています。ただ、支店の営業のようないわゆるルートセールス、固定取引先管理の仕事は、今や他業界でも少なくなりつつあります。

その業界からいち早く出て、経験を活かせるルートセールスの道を見つけられた人は、そう多くはいません。一方で、営業を常に大量に求めている仕事もあります。たとえば、個人向けの新規開拓営業の仕事です。

住宅、不動産、生命保険などが代表例ですが、継続的に新規開拓が必要な仕事であることはご承知の通りです。知名度の高い名門企業が少なくないこともあって、銀行から転職を果たした人も多数おられますが、**個人営業という業態の中で活躍し続けられている人はそう多くはありません。**

近年では、銀行の営業職から企業を売りたいオーナーと買い手を結びつけるM&A（企業の合併・買収）仲介企業に、コンサルタントとして転職するケースが急増しています。主な取引先はたとえば後継者に恵まれない中小企業が対象で、社長との折衝が求められるという点で、銀行の営業の仕事との共通点も多い。

経験を活かせる、という点では確かにわかりやすい転職先ともいえますが、多くのM&A仲介企業が乱立していて競争は極めて激烈です。

しかも、こうしたM&A仲介企業のコンサルタントは報酬のうち歩合給の部分で差がつくケースも少なくなく、歩合給はあっても一般的にはそれほど差がつかない銀行のように安定した収入が保証されているとは限りません。同僚ですらも競争相手となり、激しく競り合わなければならない中、**銀行の営業職からM&A仲介企業のコンサルタントへ転職を果たしても途中離脱してしまう実例も多い**のです。


私は現職で銀行に勤めている方や、銀行出身者ですでに転職をした人からキャリア相談を受けることも少なくありませんが、話を聞いていてとても興味深かったことがあります。**それは、希望する仕事を聞いていくと、その多くの人が「せっかくの経験を活かして前職と同業界の銀行に行きたい」という答えに行き着くことです。**

しかし、どの銀行も支店の閉鎖を進めて、営業や事務職を減らしている状況に変わりはありません。そこにかつてのような明確な採用ニーズがあるはずはありません。

しかも、当のご本人が、その銀行からの転職を考えておられるのです。

こういう場合に心配になるのは、これらの相談者自身がとても満足していた銀行の仕事へのノスタルジーが消えないままに、新しい仕事に挑戦する意欲が削がれてしまうことです。そして、ひとたび諦めの気持ちが出てきてしまうと、本来は希望していなかったような低年収帯の仕事に吸い込まれていってしまう可能性があります。

01

第1章

35歳からの転職のリアル
ミドル以降の「転職のリスク」を察知せよ

# 35歳以降「5歳ごとに倍々ゲーム」で転職の難易度は上がっていく

## 35歳から5歳ごとに「求人数は半減」する

今の労働市場は、これまで経験したことのない状況に直面していること、特にホワイトカラーの労働環境が劇的に変わりつつあると言いましたが、まず、知っておいてほしいことは、**「ホワイトカラーは、35歳を過ぎると転職のハードルが一気に高くなり始める」**ということです。

端的に言うと、どの年齢層でも転職を考える人の数は大きく変わらないのに、35歳を超えると、求人の数だけが一方的に減っていくことがその要因となっています。

35歳から40歳、40歳から45歳、45歳から50歳、50歳から55歳、55歳から60歳と、**5歳ごとに求人数は半減する**と考えたほうがいいでしょう。

一方で転職希望者数においては5歳ごとの変化はさほど大きくありません。その結果、35歳以降は5歳ごとに倍々ゲームで転職の難易度が上がっていく、ということになります。

私は多くのミドルの転職希望者にお会いしてきましたが、この事実を知っている人は多くありません。たとえば35歳の時に一度転職したことがある人は、45歳になっても、10年前と同じ意識で転職市場に出てきてしまったりすることが頻発するのです。するると、書類選考を通過しない、とか、面接までたどりつけた場合でも相手の反応が芳しくなく「あれ、前のときと違うぞ」「内定獲得にまで進むことができない」などということになりかねない。

一方で、ごく一部の人が経験した成功体験に基づくポジティブな情報だけは独り歩きしています。「50歳でこんな夢のような転職ができました」といったニュースに「自分もそうなるかもしれない」と勘違いしてしまうのです。

しかし、もちろん実際にはそんなことはありません。**40〜50代の転職はかなりの狭き門。**その絶対的事実を冷静に認識しておく必要があります。

01

第1章

# 35歳からの転職のリアル

ミドル以降の「転職のリスク」を察知せよ

## キャリアを見直すべきは「37歳」「42歳」「47歳」

今は年齢や性別を条件にした求人募集は法律上禁止されています。しかし、年齢制限ができなくなっているからといって、35歳以上の総合職が必ずしも若手や一定分野のスペシャリストと同じような扱いで採用されるわけではありません。採用を決めるのは、あくまで求人を出している企業です。

一方、日本では労働力人口の減少が全体的に凄まじい速さで進行しています。実際に人手不足のニュースが流れる頻度は増しており、「これだけ人手不足なのだから、今後も転職は大丈夫だろう」などと思ってしまう人も増えています。

スペシャリスト採用などの流れで、かつて言われた**「35歳転職限界説」は確かに崩れていますが、だからといって35歳以上の中高年が採用されやすくなっているというわけではありません。**

多くの企業では、年齢が上がれば上がるほど役職が上がり、人数が減ってくるというピラミッド構造があります。社長を頂点に役員、事業部長から部長、と人数が増え、一番下が一般社員です。中途採用で求められることが多いのは、この現場の第一線のプレイヤーです。

このプレイヤーを束ねるマネジャーが多くの場合、30代後半です。だから、一般社員として採用するなら35歳くらいまでがいい、という企業が大半を占めます。したがって、管理職ではなく、プレイヤーとして転職する場合には、35歳は一つの壁になります。これが**「35歳の壁」**です。

そして、40歳を超えてくると、「35歳の壁」以上のさらに激しい断崖、断層と言ってもいい壁が出現します。35歳から40歳にかけて、求人が半減するからです。そして45歳以降、崖の角度はさらに厳しくなります。**「45歳の断崖絶壁」**です。

そして45歳で管理職になっているように見えても実質的には部下を持たず、担当部長という名のプレイヤーとして仕事をしている人も少なくありません。45歳以上になると、ポジションが少ないだけではなく、この層自体を減らしたい、リストラしたいという流れを持つ企業が多いのです。

ただでさえ、年齢が上がれば、たとえ管理職でもポジションは減っていくので、転職の難易度は上がっていきますが、45歳以上になると、さらにそこにリストラの引き算の論理が働いてきて、転職はますます難しくなるのです。これが45歳の断崖絶壁、というわけです。とはいえ、**労働力人口の減少によって、40代・50代での転職成功者は徐々に増えてはいますが、組織の年齢ピラミッドは基本的に変わっていない**ので、この傾向は根本的に大きく変化していません。

40歳、45歳、そしてその次は50歳と5歳ごとに転職の難易度が上がることを考えると、それらの節目の遅くとも3年前、つまり、37歳、42歳、47歳というタイミングから準備を始めておくことをお勧めします。ミドルの転職は長期戦となりやすく、書類選考で落とされるケースも多いです。余裕を持って自分の市場価値や相場観を磨いていく時間が必要なのです。

## 〝先輩〟は逃げ切れるが、自分はどうか？

とりわけ危険な環境は、こうした現実や自分のキャリアについてしっかり意識したり、考えたりせず「いつの間にか35歳を迎えてしまっていた」というパターンです。

会社での生活にいったん慣れてしまって、周囲からも必要とされるようになると、その日常は、手放せなくなるほど居心地が良いものになっていきます。冷静に考えれば、間違いなく自分の会社がかかわるビジネスが斜陽に向かっていることが頭ではわかっていても、その場にどっぷりと身を置いてしまえば、**ずっとそこに浸っていたいという気持ちが生まれてしまいがち**です。

ましてや、会社や業界によっては、かつて華やかな時代があり、その栄光を知っている先輩たちに可愛がられていたりすると、すっかりそちら側のバイアスに引っ張られてしまう。**自分は斜陽に向かっていることに気づいているのに、その意識は日々の仕事の中でどんどん薄らいでいく。**

実際、ＪＴＣ（ジャパニーズ・トラディショナル・カンパニーの略）と呼ばれる日本の伝統的な企業が属するような業界の中には、今なおインターネットの世界は怪しい、などと思っている人たちすらもいるのです。「そんな怪しい世界の企業に移っていくなんて、未来が心配ではないのか」。そんなイメージを若いうちから植え付けられていたりする。

とある大手新聞社に勤める30代前半の記者の方から転職相談を受けた時の話です。その人のスキルが活かせる転職先の候補企業として、あるインターネット企業の名前を挙げてみたところ、「インターネットの世界って怪しいですよね」と真顔で言われて驚いたことがあります。

ご本人は手にスマホを持って、ChatGPTで情報を検索し、食べログを使ってランチに行く店を探し、二次元コードで決済をしながらアマゾンでしょっちゅう買い物をしているのにもかかわらず、イメージだけは40代や50代の職場の先輩たちの意見に同調してしまっている。

**その人に影響を与えた先輩方はなんとか逃げ切れるのかもしれません。しかし、いま30代前半の人はあと20年、30年と同じ業界で過ごして逃げ切るのは簡単なことではないでしょう。**そのことに35歳までに気づけなければ、転職の難易度は一気に高まってしまうのです。

# キャリアを考えるのが「遅すぎる」日本人

## 「会社にとって都合のいい人」に待ち受ける地獄のリストラ

**いまや「安定した企業」という言葉は幻の概念です。**どんな大企業にいようとも、自分のスキルやキャリアに無頓着な人は要注意です。

上司からの指示通り異動を受け入れ、何も考えずにただ頑張る。言われるままに異動を繰り返し、長い期間働いていさえすれば、そのうち評価されるだろう、と思い込んでいる状態は危険です。

たとえば、同じような仕事を、ただ支店や部署を変わるだけで繰り返しているのは、言ってみれば、山登りではなくひたすら山の麓を周回しているようなものです。少しずつ螺旋を描いて山頂に近づいているわけでもない。日々慣れ親しんだ仕事をしているがそこには自己を磨く進歩も、成長もない。

01

第1章

# 35歳からの転職のリアル

## ミドル以降の「転職のリスク」を察知せよ

もっと言えば幹部候補として会社から期待されているわけでもない。ただの一兵卒として、ただひたすら仕事をこなしていく。やがて35歳の壁にもまったく気がつくことなく、あっさりと超えていく。その先には、未来のリストラ予備軍としての大きなリスクが口を開けて待ち構えている可能性も高いのに、です。

リストラや希望退職が始まったのは、バブル崩壊後の1990年代以降のことです。**その予備軍は、今もなお400万人とも500万人いるとも言われています。まだまだ大企業を中心に、リストラのリスクが多くの人を待ち受けているのです。**ところが、「まさか自分はリストラの対象にならないだろう」と思っている人は少なくない。

今がどれだけ平穏であっても、その日々が未来永劫続くとは限らない。ある日突然状況が変わり、居心地の良い場所から放り出されるリスクがあることに気づいておく必要があります。自分がもし35歳を超えていたら、とりわけ苦労するケースがかなり多いということにも。

## 50代後半の自社先輩はどうなったか

ミドル世代の転職希望者の方々と面談してきて、改めて強く感じるのは、そもそも**「キャリアについて考え始めるタイミングが遅すぎる」**ということです。

たとえば、58歳、59歳になって初めて、「そろそろ定年後のキャリアを考えたい」「60歳以降もバリバリ働ける会社はないか」「できれば同業種に転職してこれまでと同じように働き続けたい」と考え始める方が珍しくないのです。

決して世間知らずな訳ではなく、大企業で長く活躍してこられた方であっても、定年直前の年齢でも当たり前のように希望通りの転職ができると考えていることが多いのです。

しかし、定年を60歳としているのは、ほとんどの会社も同じです。自社で長年貢献してくれた人材を定年で送り出しておきながら、特殊なスキルがあるわけでもない50代後半の社員を定年に関係なく迎え入れる、そんなことがあるでしょうか？

こういう状況を見て素朴に感じるのは、自社の先輩を見てこなかったのか、という不思議さです。どんな企業でも、自社で一緒に働いてきた5歳上、10歳上の先輩方がいたはずです。その先輩たちが50代後半以降、どんなキャリアを選択してその後、どうなったのか。最も身近な事例として、先輩たちの背中をなぜ調べてみないのでしょうか。

今や多くの会社が、定年を、ソフトランディングにするための役職定年制度を50代で設けています。部長級に上がっていても一定の年齢で役職が解かれ、第一線を外れて、後輩たちに権限を委ねることになる。部下が上司になるということに、プライドを傷つけられる人もいるようですが、その段階で年収が半減するというようなケースはほとんどないはずです。

ところが、60歳になれば、いったん定年を迎え、65歳まで嘱託社員として雇用が延長になるケースが多い。こうなれば、年収は半減近くまで、あるいはもっと落ち込むことも多くなります。このタイミングで「この給料ではやっていけない」と強いショックを受けるという声もよく聞きます。

しかし、そんな状況がやってくることは**先輩の姿を見ていれば、あるいは会社の定年制度を調べておけばわかったはずの事実**なのです。それを知らないままで定年直前まで進んでしまうのは、自己責任の側面があると言われても仕方がありません。

# 40代前半はキャリアの「強制折り返し地点」

## 「40代までの20年」と「40代からの20年」はまるきり変わる

これまでたくさんのミドル世代の方々と面談をしてきましたが、仕事人生の前半と後半で、キャリアの描き方を異質なものとして考える必要性を感じています。その分岐点になるのが、40代前半です。

**40代前半を境にした前半の20年と後半の20年は、まるっきり変わるものになる――**

そう考えておいたほうがいいでしょう。

私自身も40代後半以降、会社内における役割が変わり、仕事が変わり、ポジションが変わる経験をしてきました。私の場合には、独立もしたので、ここでまた環境は激変しました。

しかし、それ以上に変わったのはこうした表面的な変化ではなく、時間の密度であったり、日々の過ごし方の比重のようなものです。何に時間を使うか。どう日々を過ごしていくか。それは前半の20年とはまるで違いました。

心身面でも変わります。体力も変わるし、健康面でも変化が出る。あるいは心の持ちよう、心のありようも変わってくる。

家族、親、子どもなどの環境も変わり、仕事をめぐる状況にも大きく影響します。**自分のことだけを考えているわけにはいかなくなる**のです。

後半の20年は、体力は衰えますが、一方で知恵は深まってきます。いろいろなスキルも高まってくる。そして、「時間」というものに意識が向かいます。

若い頃は、夜中も仕事をしたり、遊びもしたりと無茶ができましたが、年をとるとともに、そうはいかなくなります。休まないと体力が持たなくなったり、家族のために使う時間が増えたりと、仕事に没頭する時間が短くなります。

だから、知恵やスキルが重要になる。使える時間が短くなる中、知恵やスキルを使うことで、同じ時間でも密度が変わってくるのです。

ですから、後半の20年とはまったく違う世界がやってくるというつもりで、キャリア設計をすることが重要になります。

自分が想像する以上に、心身の変化がやってくる可能性が高い。それを織り込み、社会が変化する中で、どんな後半のキャリアを描いていくかを考えていく必要があります。

## 「40歳」で周囲からの「見られ方」は一変する

キャリアの折り返し地点である40代前半ですが、**40歳を超えると半ば強制的に、問答無用に、周囲からの見られ方が変化する**ことに気づいておく必要があります。

周囲が自分を見る目は年齢によって変化していますが、それが40代からはさらに大きく変化するのです。

20代前半から30代いっぱいまでは、「一人前」から「リーダー」クラスになり、現場の第一線のプレイヤーとして、最も脂が乗った時期を指すことが多いのが、この若手の時代です。そして30代後半くらいからマネジャーや管理職に昇格したりする人が増えていく。しかし、まだ若手のマネジャー、若手の管理職といった捉え方をされることが少なくありません。

**ところが、40歳を超えてくると、もう現場第一線、若手とは言われなくなるのです。**周囲の期待としては一段重みが上がってくる。転職マーケットでも、一プレイヤーとしてではなく、管理職として仕事がどれだけできるのか、組織を動かして結果を出していける人なのかどうかが問われ始める。それが、40歳を超えてからです。

一管理職としてだけではなく、さらに高い期待をする会社は、将来の経営幹部候補として期待できる人物かどうか、という目線でも見ます。

つまり、**20代から40代にかけては、プレイヤー、管理職、経営幹部と大きく3段階の見られ方をしていく**ということです。

プレイヤーとしての活躍が期待されるところから、一気に2段階上の経営幹部として育っていく可能性があるかどうかまで見られるのが、20代から40代。実は、その変化は30代から一気に起こってくるのです。

しかし本人としては、37歳から42歳の5年間ではわずか5年が経っただけ。28歳から32歳の5年間と、大した違いがあるとは思っていなかったりする。ところが、28歳から32歳の5年間と37歳から42歳の5年間とでは大きく違うのです。プレイヤー、管理職、経営幹部と大きく3段階の見られ方をしていくのです。

それなのに、40歳以降の見られ方に、十分な備えをしていない人が少なくありません。

## 最も危ない「20代のつもりの40代」

この変化にうまく対応し、周囲の期待にうまく応えて、あるいは周囲の期待を超えるような見られ方ができれば、周囲からも評価されるし、自分自身も納得いく働き方ができます。

人間は、自分のことは自分自身ではよくわからないけれど、他者からはよく見えるというところがあります。

仕事やキャリアに関していうと、30代から40代に年齢が上がっていっても、自分の中では地続きのイメージを持っています。ところが、周囲からは、30代と40代では見られ方は明らかに変わります。

**この変化に自分で気づいていないと、40代なのに20代のつもりでいた、といったこ**

**とが起こります。**頼りない印象や、軽薄な印象を持たれかねません。

とりわけ自分のキャリアをどう設計していくかを考えた時には、20代、30代のキャリアと、40代、50代、長く働きたい人は60代も含めて、人生の前半、後半の分かれ目を意識しておいたほうがいい。

この違いを認識し、この違いを前提に、キャリアをどう作っていくのかを考える必要があるのです。

# 「会社都合」を冷静に捉えられない

## 会社員の「キャリアのピーク」は45歳

**会社員の場合、キャリアのピークは平均すると45歳前後**です。

簡単な話ですが、誰もが社長になれるわけではありません。役員の椅子にも限りがある。その下の執行役員の数にも限りがあります。10年20年頑張って部長になったからといって、執行役員の椅子が約束されているわけではありません。

年齢が上がるとともに、ポジションを得られる機会が減っていくという現実は認識しておく必要があります。

その結果、多くの企業で「キャリアのピークは45歳」という現象が起こることになります。

そして、**45歳を過ぎると、とりわけ50歳以降は、キャリアの「オワコン化」との闘いになる**可能性があります。あなた自身の経験資産に需要が少なくなり、社内でのプレゼンスが低下していく下り坂との闘いが、45歳の絶頂期から始まるのです。

つまり40歳を超えた段階からは、常にスキルをアップデートしながら、仕事との向き合い方や人との付き合い方などを厳しく見直して、下り坂のその傾斜をいかにゆるやかにしていくかを考える必要があります。

その際、**過去の成功体験はできるだけ忘れたほうがいい。**ゼロから棚卸しできる人のほうが、その坂道をゆるやかなものにできる確率が高まるからです。

## 「出世コースから外れた50代」はその後どうなる？

日本の会社はもともと終身雇用が根付いていたこともあり、「使えるところまで人を使い倒そう」とする傾向があります。本部長や執行役員まで、あるいは役員まで上がれる人はほんのひと握り。ところが、その対象ではない人に対しても「まだあなたは出世できる可能性がある」という空気を匂わせる。

実はすでに30代後半で幹部人材の選別は終わっているのに、淡い期待を抱かせて、前向きに働かせようとする。これを、**残酷なくらい引っ張り過ぎている会社もあります。**結果的にキャリアのピークといわれる45歳になっても、自分の立ち位置や行く末をイメージできない人は少なくありません。

会社側の意図もわからなくはありません。「この会社で自分が出世できる可能性はなくなった」と思われてしまうと、やる気を失い、生産性が下がって、お荷物社員になってしまいかねない。

そうならないよう、できるだけ長く夢を持っておいてもらって、モチベーションを維持し続けてもらおうとするのです。しかし、残念なことに、その人たちの一部は、ある日突然、希望退職を促されたり、リストラ候補になってしまったりするのです。

自分が出世コースから外れているなどと自覚していない人ほど、ショックはより大きなものになります。未来があると思って頑張ってきたのに、どうしてこんなことになるのか？　これが日本企業の現実の一面です。

## 「会社にとって都合のいい人」になるな

**日本の企業の多くは、定年ギリギリまで前向きに頑張ってもらえるよう、淡い夢を抱かせ続ける仕組みになっている**ことは、多くの人が知っておいたほうがいいと思っています。そして、企業側も、もうちょっと早く、その事実を対象者に言ってあげられるような仕組みを作ったほうがいいのではないか、と常々思っています。

せめて40歳で淡い夢がなくなったことに気づければ、そこから自分なりにキャリアのピークを維持するために、やるべきことを考えるようになれるからです。出世競争とは違う形で、いかに自分を成長させるかに頭を巡らせるようになれる。

それこそ、この会社に自分の未来はないと思ったら、ポジションを求めて転職するという選択もできるかもしれません。年を経るごとに求人の数が減ることを考えれば、会社から飛び出すという選択はできるだけ早いほうがいい。

ところが、**「まだ出世できるかもしれない」という淡い夢があると、その対処が遅れてしまう**のです。おまけに、成功体験もなかなか捨てられなくなる。成功体験は、新しい挑戦の邪魔になるのです。

もちろん自ら成長に挑み、ポジションを目指していくのもいい。しかし、ポジションの獲得確率も含めた状況は、シビアに見つめておく必要があるでしょう。**能力があったとしても、たまたま同じタイミングで同じような能力を持つ人材がたくさんいたら、上のポジションは望めません。**

# 採用が決まる人と決まらない人は「言語化」がまるで違う

## 「私を買ってくれる会社はあるか?」と言う人はうまくいかない

ミドル世代の転職希望者と面談をしていてよく聞こえてくる言葉に、これがあります。

**「私を買ってくれる会社はありますかね?」**

**この考え方は気持ちでは理解できても、ご本人にとって得にならない**のであまりお勧めしません。まず押さえておきたいのは、採用する側は、求職者を買いたいわけではないということです。

マーケティングの世界で、セオドア・レビット博士が著書『マーケティング発想法』(1968年)に書いた有名な「穴とドリル」の話があります。4分の1インチのドリルがたくさん売れたのは、4分の1インチの穴を開けたかった消費者が多かったからという事実の裏返しだと。

この話にとてもよく似ています。**採用側は単に人がほしいわけではない**のです。その企業で何がしかの課題を解決したり、売り上げを伸ばしたいから、人が必要なのです。

そのために必要なのは、「私はこれができます」「私はこれが得意です」「だから買ってくれませんか」ではなく、「自分の持っているスキルで、御社のこういう課題を解決できます」「私の経験値を使って、御社の売り上げアップのこの部分に貢献できます」というプレゼンテーションができる人なのです。

「自分を雇ってくれたら、これだけの得をするんだ」ということを合理的に説明できるかどうか。これは、雇用される場合だけでなく、独立・起業で取引先に自分のスキルを売る場合にも同じように必要なスキルなのです。

そのためには、**どんな価値を生み出せるかという、自分が提供できる価値を言語化しておかなければいけない。**「幾らの報酬が欲しいか」という話は、基本的には成果を上げた後の話になります。

## 「あなたが入るとどんな得が？」自分の「価値証明」が必要不可欠である理由

労働力人口が減って、人手が足りない、売り手市場になるのではないか、と言われていますが、マクロでは確かにそうではあるものの、ミクロでは実は逆になっています。

**自分を雇ってくれたらこんな価値を生み出せる、という価値証明ができない人は売れません。**キャリア領域では、これが近年の大きな大転換でした。

買い手市場だったときには、なぜか身柄を丸ごと買ってくれて、「成果は後で、出た成果に応じて評価する」といったケースが多かった時代もありました。今は、労働力人口が減り、売り手市場になったのに、ギブ&テイクでいうと、ギブが先に求められる。テイクは後、という逆転現象が起きています。

にもかかわらず、このことが理解できずに、価値証明ができない、あるいは価値証明をしないで玉砕してしまう事例が増えています。

もとより近年は、業務がどんどん細分化、分業化されています。たとえば、バイヤーとして調達や購買の仕事をしてきた人でも、業務は細かく分業化され、どの部分で自分のスキルが発揮できたのか、はっきり見えない。だから、調達・購買のスキルの価値について、どう証明していいかわからない。

実際、とりわけ総務や人事、経理などの間接業務を中心に、いろいろな職種でそんな人たちがいます。しかし、「間接部門なので、自分のスキルの価値をうまく説明できません」では通用しません。

**採用が決まる人は、自分が入社すれば、どんな得があるのかを語れます。**相手にとっての価値を語れるのです。

たとえば、その仕事の中で、どんな課題があって、それに対して自分はどんな創意工夫をしたのか。ビフォーアフターで、どんな変化を生み出したのか。こういうことを語る。これこそが、価値証明です。

価値というと、いくら儲かったのかを言わなければいけないと勘違いしている人がいますが、それだけではありません。**価値が説明できればいい**のです。

たとえば人事部門にいた人が社内の評価制度を変える取り組みをしたことで、離職率が数ポイント下がったという実績があったとする。それだけでも、企業側から見ると人事のコストが下がる価値を生み出せています。辞める人が減れば、採用数も減らすことができて、採用コストを抑えることができるからです。

こうした価値を証明するための思考を巡らせることをせず、「価値は証明できない」「間接部門だから」と諦めてしまっているケースは、とても多いのです。

## こうして人と会社の「ミスマッチ」は多発する

### 「循環的失業」と「構造的失業」

景気が変動すると、求人は増えたり、減ったりします。こうした景気の変動によって生じる失業は**「循環的失業」**と呼ばれます。経済の循環に伴う一時的な失業であり、通常は経済が衰退期に入ると増加し、景気が回復すると減少します。

経済活動が低下すれば、企業は生産を縮小することになりますから、結果として労働力は削減されます。場合によっては、解雇も起こりうる。それによって、失業も増えていくということです。

すなわち、**現実の経済は常に変動していて、それは労働市場に確実に影響を与えます。**したがって、転職活動もこの影響を加味しておく必要があります。

01

第1章

35歳からの転職のリアル

ミドル以降の「転職のリスク」を察知せよ

転職しようにも、景気が悪い時は求人が少なく、失業期間が長引いてしまう可能性があるのです。会社を辞めて求職活動をするか、辞めずに求職活動をするか、景気もしっかり見極めたほうがいいということ。

**循環的失業を意識すれば、景気のいいときに求職活動をしたほうがいい**ということになるでしょう。**必要なのは「相場感」の認識**です。

ただ、**志望する業界や職種の動向が、必ずしも世の中の景気と連動しているとは限らない**、というところには注意が必要です。

世の中の景気は悪いのに、調子のいい業界もあるからです。世の中の景気と、自分が目指している業界の景気を分けて考える必要がある。移ろうとしている業界が好調か不調か、その相場をしっかり見極めておかないといけない、ということです。

## 「年収1000万円は欲しい」ズレた感覚がチャンスを逃す

一方、「循環的失業」とは異なる**「構造的失業」**という言葉があります。これは、

**企業が求める人材要件と、求職者が持っている資質がうまく合致しないことによって起こる失業**のことです。

企業が求める技能と求職者のスキルとがズレることによって生じる失業が「構造的失業」です。とりわけ35歳以上の人が転職活動をしたり、転職を考えるときには、この構造的なマッチングのズレが起こりやすい。

「年収1000万円は欲しい」「部長でなければだめだ」などといった自分で好き勝手に条件を定めてしまうことで活動が長引き、不採用経験が続いてしまう人が非常に多いのです。

今の求人相場を理解し、**自分の中で納得できる希望条件、納得できる年収やポジションを設定しておかないと、最悪の事態を迎えかねません。**

前職並みの年収を求めるその理由ははっきりしています。子どもの教育費、親の介護費用、生活が大変であることに嘘はないと思います。しかし、同時にそれは、給料をもらう側の論理にすぎないことも確かです。

転職希望者との面談の際に私はしばしば、「もしご自身が採用責任者だったら、あなた自身をいくらの年収で採用しますか」という質問をします。給料をもらう側の視点だけでなく、給料を支払う側の立場になることで見えてくることもあるからです。

採用する企業側は「この人にいくら払ったら、どれだけのリターンがあるのか」「どんな価値を生み出してくれるのか」「どれだけ売り上げが上がり、利益が上がるのか」という投資対効果しか見ていない。

だから、面接でしっかりとプレゼンテーションをする必要があるのです。

「私は過去にこんなことができた人間です。過去はこんな年収をもらっていました。こんな私を買ってください」

これではうまくいきません。ただ、現実にはこういう発想の人のほうが多数派です。だからこそチャンスはあるとも言えます。

**問われるのは、「私がもしこの会社に入ることができたら、これだけの貢献が可能です」という証明をすること**なのです。

## 年収1000万円以上希望のはずが、結局「時給1000円」の仕事に

最も残念なのが、**ズレた希望条件に固執し、うまくいかなくなる状態が長期化し、さらに条件を逐次変更していってしまうケース**です。時間の経過とともに希望ラインが下がっていくだけでなく、最終的には想像もつかなかったような事態が起こりうることもあります。

求人の相場感を理解せず、自分の希望条件だけに固執すると、不採用が続くことになります。せっかく面接し、採用されるかも、というところまで行ったのに、「年収は1000万円以上」「ポストは部長以上」という条件が見合わず、流れてしまう。

これはひとえに、**相場感が理解できていない**ことが原因です。では、「年収は1000万円以上」「ポストは部長以上」というご本人がこだわる条件の背景を私が聞いてみると、ただ「前職がそうだったから」という回答です。

前職の給与がすなわち、求職市場の相場感と一致しているとは限りません。そこに

固執していると、いつまで経っても採用には至らない。とりわけ、すでに会社を辞めている場合は危ない。だんだん焦りが出てくるのです。

こうして**求職活動が長期化するとどうなるのかというと、プライドが毀損《きそん》し、精神的にも弱気になっていってしまう**のです。条件にこだわりながら何社受けても受からないからやむなく条件を下げる。希望年収1000万円だったものがやがて800万円になり、600万円になり、500万円になる。

最初から800万円にしていれば、相思相愛が実現した会社もあったのに、その時のこだわりの強さが縁を断ち切ってしまう。第三者として見ていて、ハラハラする気持ちと残念な気持ちが交錯するばかりです。

**ジリジリと希望条件を下げながら、長期にわたって求職活動を行っていくのは、精神的なダメージがとても大きいものです。だからこそ、早い段階で市場における自分の座標を把握し、納得できる希望条件の下限設定をすることには大きな意味があります。**

2年間転職活動を続ける中で段階的に希望年収を切り下げても転職先が見つから

ず、時給1000円のアルバイトで食いつなぐことになった大企業出身のミドル世代の方がおられました。しかし、これは珍しいケースではありません。

## 度重なる「不採用体験」で自尊心が削られるミドルたち

**40歳、45歳と年齢を経るほど、求人数は減り、転職の難易度は高くなります。**そうなると、不採用通知を受け取ることも増えてきます。

実際、私が面談した方の中には、50社、100社と不採用が連続したケースもあります。しかも、書類応募の時点で落とされてしまった、という人も多い。不採用体験の増加は、魂と自尊心が削られていきます。

もしや自分は世の中から必要とされていないのではないか、と疑心暗鬼になる。自信喪失すると、これが悪循環で、面接に行けたとしても自信がない態度になってしまったり、面接でうつむいてしまったりする。

**面接では、胸を張り、自信に満ちた状態で臨んだほうが、間違いなく採用される確率は上がります。**それなのに、「どうせ自分なんて、また落ちるだけだろう」と思いながら受けると、やはりうまくはいきません。

こういうことが起こるのは、**相場感を知らずに、高嶺の花を掴もうとしてしまうことに多くは起因**しています。しかも、相場がわからないために、ご自身では「いけるはずだ」と思い込んでいることが多いために余計にショックが大きい。

落ちている理由がわからず、問題点にも気づけない。だから、応募件数を減らして厳選したりする。一つの会社を慎重に選び、応募に時間をかけたりする。これが、さらなる長期化を招きます。そして、落ちるとショックはより大きくなる。

こうした状況に陥ったミドルにお会いするたびに、私はこうお話しします。「転職活動がうまく進まないのは年代的・経験的に当然のことです。あなたの責任ではないのでしょんぼりする必要は1ミリもありません」

そもそも**どんな人であれ、ミドル世代の転職は簡単なものではない**のです。それこそ一般公募に挑むなら、一斉に何十社、何百社でも応募して、チャンスを模索してもいいくらいなのです。

そして不採用通知をできるだけ減らすためにも、相場感をよく理解することです。

転職経験のある友人知人にアドバイスを聞き、**「そんなに甘くない」という現実をまず叩き込むこと**です。

## ほんとうにお得？「希望退職」の甘くない現実

この第1章では、私が見てきた人材業界の、ここ数年でのミドルの転職市場の厳しさをお伝えしました。最後に、「希望退職」についても触れておきます。

定年退職よりも数年前に、希望退職を募る企業は多くなっています。希望退職に応じるにしても、積み増し退職金を受け取れば「もうリタイヤしてもいい」というくらい資産がある人と、そうではない人とでは状況が大きく変わります。前者であれば、それほど焦ることはない。しかし、後者はそうはいかず、なんとかして働き口を見つける必要が出てきます。

**働かないといけない状況の人が、安易に積み増し退職金に釣られて希望退職に応募するのは危ない**と言えるでしょう。

なかでも、もっと危ないのは、退職金がちょっと入ったからといって「50代前半で

1、2年ゆっくりしてからまた転職しよう」と考える人がいることです。
長く働きづめだったがゆえに、**「ここいらでちょっと一服」と考えたのかもしれませんが、ここに大きなリスクが潜んでいます。**たとえば50代前半の人がそのような考えのもとに積み増し退職金をもらい会社を辞め、2年のブランクがあるとしたら、採用する側の企業はどう受け止めるでしょうか。冷静に見極める必要があります。

また希望退職では、企業が人員削減を行う際に再就職支援を委託するアウトプレースメント会社がサポートしてくれる、という建て付けになっているケースも多いと思いますが、彼らが教えてくれるのは、ハローワークでの求人の探し方など、本人が能動的に転職活動をすることを前提にしたサポートです。仕事の斡旋責任は負ってはいないことがほとんどです。
**再就職支援のある会社でも、斡旋してもらえるわけではない。**求人サイト、検索エンジン、転職エージェント、派遣会社登録、企業が他社の役員や管理職などの経験があり、ノウハウや人脈を持った人を顧問として求める顧問紹介サービスなどを案内してもらえる程度と思っておいたほうがいいでしょう。

希望退職も、転職未経験者だと、突然、暗闇の宇宙空間に放り出されるような状況になります。だからこそ、**まずやるべきは、身近な転職経験者に相談すること**なのです。「あなたがもう一度、転職するとしたら次はどうしますか?」と聞いてみる。何に注意をするのか、アドバイスを求める。同じようなことを、多くの人が経験しているのです。そこにリアリティがあります。

そして、**短期決戦を考えるなら、転職エージェントだけを頼るのではなく、過去の仕事での人脈もフル活用した転職活動をおすすめしています**（これについては第4章でお話しします）。

# 第2章

# 「いつ辞めてもいい人」はこんな人

## 会社を辞めてもいい人に共通するマインド

02

# 40歳以降の「市場価値」どこで測られるのか

## 転職市場で価値の高い人「5つの原則」

人材は二極化しています。複数の企業から引く手あまたの人と、会社からお荷物扱いされ転職先も決まらない人との差が大きく開いていく中で、自分が「会社を辞めてもいい人」なのか、「会社を辞めてはいけない人」なのか、きちんと見極める必要があります。

**会社をいますぐ辞めても問題ない人は、端的に言うと今の会社でも成果を上げて満足度の高い仕事をしている人**です。そんな人はどんな考え方や習慣をもっているのか。この章では、私がミドルの転職市場で多くの方を見てきた経験から、少しメタ的な観点でお伝えしたいと思います。

繰り返しますが、**35歳以降、40歳を過ぎていくと、5年ごとに自分が対象となる求**

**人が半減していく**実態があります。

特に2020年以降、徐々に労働力人口の減少が明確化し、じわじわとミドル世代の転職実数は増えてきていますが、転職希望者に対しての転職決定者の割合はそこまで大きく上がっていません。正確に言うと、**ミドル世代の転職決定率は上昇してはいるものの、30代未満の若年層の激増っぷりと比べると、微増にとどまっている**状況です。

そんな中でも40代以降も市場価値を高め続けておられる方の共通点を5つ挙げておきます。

1．定量的な成果を生み出せる

一つ目は、転職先の事業や会社に対して、定量的な結果を生み出せる人です。「定量的」とは、目に見える数字で表されるもので、業績や利益、顧客増などが挙げられます。転職活動中はまだ入社していませんから、定量的な結果を生み出せそうな人、ということになりますが、それを書類選考や面接の段階でいかに証明できるかがポイントになります。

**同じスキルであっても、どう表現するかによって、採用側の受け止め方が大きく変わる**ことは先にも触れてきました。あくまで**採用側の立場に立ち、採用側が活躍をイメージできるような表現が必要になる**のです。

実際、**定量的な結果を生み出せること、定量的な結果を生み出すための要素やKPI（重要業績評価指数＝企業や組織が設定した目標に対して、その達成度を測るための指標）をしっかり説明できる人は、市場価値が高い**と言われる結果になっています。裏を返すと、数字で表されない「定性的（信頼関係などで生み出される）」な成果やプロセスを強調する人は、定量的な結果の確からしさを薄めてしまっている可能性があります。

相手の事業の成果をどう生み出すのかという「ＨＯＷ」の部分と、それがなぜ生み出せるのかという「ＷＨＹ」の部分を強調することが求められています。

2．採用市場で需要がある業界にいる

**市場からの期待値が高い仕事領域を選んでいる人は当然、結果として市場価値も高くなります。**需要がない業界にいる人は、市場価値はつきにくくなるのが現実です。

3．周囲の力を借りて5馬力、10馬力に変えられる

3つ目は、**自分の存在をレバレッジとして、結果を最大化できるかどうか**です。レバレッジとはテコの原理のことですが、**自分をテコにしてチームや組織で結果を最大化できる人は、市場価値が高まります。**

ただ、やみくもに自分が走り回って頑張って成果を出すのではなく、自分の知識やスキルを活かして多くの人を巻き込み、より大きな成果を出していける人です。自分単独の1馬力に拘らず、周囲の力を借りて5馬力、10馬力に変えられる。

こういうことは若手では難しく、**40代以降のベテランになればなるほど、そのポテンシャルへの期待が高まります。**

ただ、20代、30代でやってきた走り方に固執してしまい、40歳を過ぎてもレバレッジを使った働き方ができない人もいます。

**35歳を切り替えポイントとして、自分単独で頑張るのではなく、チームや組織で戦うスタイルを意識していくことができるかが大事になってくる**のです。

4．周囲を「巻き込んで」組織に好影響を与える

4つ目は、**自分だけでこんな結果が出せるというプレイヤー的な視点ではなく、チームや組織に好影響が与えられるか、という意識を強く持っている人**です。言い換えれば、**マネジメント能力ですが、必ずしもマネジメントができなければいけないわけではありません。**

プレイヤーとして、まわりを巻き込んで組織としての成果を生み出すこともできるからです。実際、管理職でなくても、それができる人がいます。

人をマネジメントするのが好きではない、得意ではないという人は実は少なくありませんが、とはいえ単独で作業する職人型スタイルだけでなく、周囲のキーマンを巻き込んで大きな成果を生み出すやり方も評価されるのです。

5．経営に近い目線で事業の存在目的を考えられる

5つ目は、経営的な視点になりますが、**その事業にとっていかに正しい命題を設定できるか、**です。

これは経営者の仕事ですが、**経営に近い目線で、事業が何をやるべきか、今この会**

**社は何を目標に置くべきかに対して、経営者に論理的にプレゼンテーションができる力を持っている人は、経営幹部として経営者から頼られるポジションにつきやすい**のです。

逆に40歳を過ぎているのに、言われた命題をこなすだけの人や、与えられた役割をまっとうすることだけを考える人は、事業環境や競合の変化に対応できません。企業が他社と差別化するためには、事業の存在目的を再設定する必要があるのです。

事業成長を推進するアイデアを持ち、それを説得力を持って伝えられる人は、市場価値が高いと言えます。

# 「会社名」「役職名」を取り払えるか？

## 会社の役職という「パワードスーツ」を脱げる人

前項でお伝えしたのは、転職市場でミドル世代でも市場価値が高い人の原則でしたが、本項でご紹介するのは、よりマインドの部分といえるでしょう。私自身が多くの転職者と接する中で見えてきた、黒田の視点とお考えください。

まずは、**会社を辞められる人に共通するマインドは、会社の役職という「パワードスーツ」を脱ぐことができる、**ということです。

人は、役職が上がりポジションを得るようになると、役職を持っている自分が当たり前になり、それが生活や考え方に溶け込んでいってしまうことがあります。

しかし、**ある会社である役職についていることは、その会社での一つの評価にすぎません。**社会が認めたというわけでもないし、すべての人がそれを評価しているわけでもない。そのうえ会社の役職はマーベル映画『アイアンマン』の主人公が着る「パワードスーツ」のようなものです。

会社の役職を持っている人も「パワードスーツ」を着た自分の力が、あたかも本当の力であるかのように錯覚してしまう。そんなことが起こりうるのです。

とりわけ、転職経験がなく、大企業で部長以上の役職で長く働いている人は、そうした事態に陥ることが少なくありません。「パワードスーツ」を脱いだときの**素の自分の力、裸の自分の力がどんどん忘れ去られていき、それを改めて考える必要もなくなっていく。**転職しようとするときに、このパワードスーツはとてもやっかいな荷物になります。

私の経験では、**40代、50代でも満足度の高い転職ができる人に共通していることの筆頭とも言えるのが、この「パワードスーツ」を脱げるかどうか、**です。

「昔取った杵柄」である前職のことに惑わされず、目先の役職、収入などにそれほどこだわらず、まっすぐに自分の能力や貢献できることを考えられる人の転職はスムーズに行きます。しかし、恐ろしいことに**現実に多いのは、この真逆のケース**です。

## 会社の知名度や報酬よりも、「実質的な価値」を重視する人

「前職は部長だったのだから、転職するとなっても部長からでなければ」とタイトルにこだわる転職活動をする方もおられますが、**満足度の高い転職ができる人の多くは不思議とそこにこだわりません。**もちろん、こだわりがまったくないわけではありませんが、転職した段階で「最低限、求めるものがあればいい」と考えていることが多い。もっと言えば、実質的な価値を重視している。

**役職を求めるというより、実際に業務をする際に、どんな権限があるのか、どこまで決裁権があるのか、自分が力を発揮できる環境をしっかり確認される傾向が強い**という印象があります。

そして何よりも、**その仕事をやる意味や意義、会社の事業に対して共感ができるかどうかをしっかり見る人が多い。**そのうえで、自分が任される仕事そのものに、どれほど意味があるのかを問われるのです。

会社の知名度や報酬よりも、実質的な価値や権限、自由度を重視する。こういう人は、満足度が高い転職をされる傾向があると言えます。

会社名や役職名を取り払った自分は、どんな人間なのか。あるいは周囲の人から自分はどう見られるのか。それをつかむために**習慣として始められるのは、新たな出会いや、これまで付き合いがなかった人と初対面で会うような機会があったとき、社名や役職を明かさずに自分を紹介し、付き合いを始めていくこと**です。

自分は周囲から、どんな目で見られるか。見えているのか。これは、素の自分を知る、一つの方法だと思います。こうした機会、素の自分を体感できるシーンをできるだけ多く作っていく。これが大事だと思います。

注意しなければいけないのは、特に大企業で一定の役職を持たれている方は、自分が思っている以上に、分厚いシールドの中で守られていると思ったほうがいい、ということです。大企業の看板を背負い、役職を背負っている自分と、それを取り払ったときの素の自分には間違いなく落差があると思っていた方がいいでしょう。

## 「評価されること」を目的にしていない人

そもそも所属している会社、担当している役職は、刹那的なものであるという理解が必要です。**役職は「一時的な借り物」なのです。自分自身の価値を、永遠に示すものではありません。**

また、**役職やブランドは他人からの評価にすぎない、**という理解も必要です。ブランドや役職について、やたらと気にする人がいますが、それは自分ではどうにもできません。他人の評価は、自分で変えることはできないのです。

変えることができるのは、自分自身だけです。自分の意思で変えることができないものを変えようとしても、徒労に終わる可能性が高い。自分が変えられるものは何かをまずは見極めて、そこに力を入れていくことが、キャリアアップについても大事なポイントです。

そして、**評価されることを目的化しない**こと。評価されることを目的とするのは、自分のプライシング＝値付けを他者に委ねることです。そうではなく、自分が自分を評価する。

看板がなくなった自分を想定することは、その一つの方法でもあります。看板によって驕る必要もないし、看板がない自分に卑屈になる必要もありません。どんな状態、どんな年齢であれ、自分が世の中に対して、どんな貢献ができるのか。それがその人の価値です。

**看板のない自分にすでに価値を見いだせている人は、心理的な満足度がとても高く過ごしていくことができます。**精神的にも安定し、不用意に焦ったり、イライラしたり、人と比べて悔しい思いをしたりといったマイナス感情を持つことなく生きていけるのではないかと思います。

# 「高い目標値へ走り続ける」という
# キャリア防衛術

## 誰かの目標ではなく「自分の目標」を追える人

メジャーリーグで活躍し米球界で殿堂入りを果たしたイチロー選手は、プロ野球時代の1994年に3割8分5厘という打撃成績を上げました。首位打者になり、周囲からは当然、褒められたわけですが、**本人はなんとも思っていなかった**そうです。

理由は、イチロー選手自身がその数字を目指していたわけではまったくなかったからです。むしろ自分に苛立ちを感じ、4割超えを本気で目指していたとも言われます。その結果が3割8分5厘だったわけです。イチロー選手は、自分の可能性から逆算した目標を自分で定めていたのでしょう。

これは今、メジャーリーグで大活躍している大谷翔平選手も同じだと思います。日本では、メジャーすら驚かす大谷選手が打ち出す数々の記録に大騒ぎしていますが、大谷選手が舞い上がっている気配はまったくありません。それは、大谷選手の目標がもっと上にあるからでしょう。

誰かが決めた目標や、誰かが褒めてくれる目標を彼らは追いかけているわけではない。自らが決めた目標を追いかけているのです。

**ミドル世代の方々の中で転職がうまくいっている人を見渡すと、共通して、会社から与えられた目標は達成しつつも、それ以上に自分で定めた、はるかに高い目標に挑もうとする人が多い**印象です。そういう人は社内でももちろん評価されるわけですが、社外からも評価されるのです。

実際、早くから役員に抜擢されたり、他社の経営者から請われて幹部として入社したり、自らベンチャー企業を立ち上げて成長させたりしている人の中には、そういう人が少なくありません。

自らで高い目標を掲げ、大きく成長しようという意識を持っている人にとって、途中に湧く賞賛は道中の声援程度なのでしょう。**自分で目標をしっかり定め、そこに向かって走り続ける一心不乱さが、一流の証**だと思います。

## 「セルフブラック化」で自らを厳しい環境に追い込む人

近年では、売り手市場が続いている時代背景もあり、多くの職場がどんどん「ホワイト化」しています。1990年代と比べれば、**多くの会社で圧倒的に働きやすくなっていますし、社員に厳しい目標を課したりして無理を強いることも少なくなっているよう**です。

「パワハラでは」と言われかねないこともあり、会社がキツく目標を追求させようとするマネジメントスタイルも激減しています。言い方を換えると会社は、どんどんゆるくなってきているとも言えます。

そんな中、**注意すべきなのは、成長意欲が強い人ほど、このゆるい環境に不安を抱える傾向がある**ということです。こんな「ゆるホワイト」な環境では自分を成長させられない。労働市場で通用しない人材になってしまう。力がつかず、転職もできなくなってしまうのではないか……そこで、大企業や有名企業など安定した職場にせっかく就職したにもかかわらず、自ら厳しい環境を求めて出ていってしまう若い社員もいます。

転職まで行かなくても、会社から与えられた目標よりも高い目標を自分に課し、会社の目標ではなく、自分の目標を追いかけるようにしている、という人もいます。

イチロー選手や大谷選手が、監督に褒められるからといって、それで良しとするのではなく、自分の目標を達成するための練習を自分でしっかりやっている、ということにも通じています。

言ってみれば、**自らを厳しい環境に追い込もうという「セルフブラック化」ができる人です。自分の成長に貪欲な人は、そんな意識を持ち始めています。**

## 自ら「足腰を鍛える」環境に飛び込む人

実際、彼らの危機感は想像以上に大きなものがあります。会社に言われるままのゆるい環境にいては、スキルは高まらない。自分で勉強して、努力していかないといけない。労働市場で使い物にならない人間になってしまうかもしれない。

一方で、そんなことは考えず、ただひたすらに会社から与えられた責任を果たしているという人もいます。「ゆるホワイト」な中ですから、上司もパワハラを恐れて厳しいことも言ってこない。心地よく仕事ができるメリットはありますが、それは社内にいれば、という限定的環境の中での話であることには留意が必要でしょう。

**海外を見渡すと、「ハングリー」で「ノールール」とも言える猛烈な動きをする20代の若者の働き方が当たり前になっている国もあります。**国際的な仕事をするとなれば、戦わなければいけないのは、弱肉強食志向の相手かもしれません。さて、「ゆるホワイト」な状態で太刀打ちができるかどうか。もしかしたら、吹き飛ばされてしまうかもしれない。

そうでなくても、**しっかりとスキルを身につけられなかったら、極めて厳しい未来が待ち構えている**と言わざるを得ません。何かの形でもし今の立場を失ってしまうと、次に行き場がない。待ち構えているのは、先にも記した「下ぶくれ」した低収入ゾーンということもありえます。

一方で、成長志向の強い若者たちはどんどん力をつけています。それこそ、成長志向の高い社員の多く集まる会社、世間で厳しいと言われている会社に敢えて飛び込み、足腰を強くしようと考えている人もいる。

実際、かつてハードなイメージのあった営業職も今はインサイドセールス（メールや電話といった遠隔の手段で顧客とコミュニケーションする内勤の営業活動）、カスタマーサクセス（商品やサービスを通じて顧客の成功を支援する）など、細かく分業されています。新規開拓の訪問営業などが減少する中で、仕事の負荷や厳しさをハードにこなすことをマネジメントの一環として重視している一部の会社では、今も新規開拓の訪問営業が行われていたりします。

肉食系のように見えるそんな会社にとっては結果的に、ライバル企業が減って以前より業績を上げやすくなっているということがあります。また、そういう企業で**足腰を鍛えた若者たちが、そこで結果を出し、さらに成長するようなスパイラルを描くケースも増えています。実際にそういう会社で力をつけた人材は、転職市場で引く手あまたな状況です。**

## 「言われなくても率先して」取り組む人

ただし、「若いうちは無理をしたほうがいい」という言い方は少し乱暴だと思っています。それはブラックな環境を許容する理由にもなってしまう。それよりも、社員が状況をしっかり理解し、率先してやれるような環境があるかどうか、が重要だと思います。

**個人的には、実力があったり、周囲から信頼されたりしている人というのは、率先して新しい取り組みをしてみたり、たとえ人が嫌がるような仕事でも、やり方を工夫してやってみたりという印象があります。**力をつけていく人には理由があって、ただ厳しいということではなく、「率先して主体的に行う経験」をどれだけ積めるかが、極めて重要なのです。

無理が必要なのではなく、自ら矢面に立っていく打席の数をどれだけ経験できるか、です。その打席数を意識することです。

また、成長するためには、長時間働くロングワーカーのようになることが必要だ、と考えている人がいますが、これも違います。むしろ、**どれだけ短時間で効率よく成果を出せるかこそ追求したほうがいい。**「たくさん働けばいい」というものではないのです。

一方で企業の側も、意識を変えていく必要があります。これからは、優秀な人に選ばれる会社にならないといけないということです。そのためには、彼らを納得させられるだけの環境がなければならない。

成長欲求が高い人には、成長できる環境を提供できるかどうかが問われるのです。「ゆるホワイト」にすっかり満足して、ゆるさに慣れてしまった社員ばかりになった会社は、どこまで勝ち残れるのか。

優秀な人ほど引く手あまたですから、いろんな会社からオファーが来ます。逆に**こうした優秀な人から選ばれるかどうかが、会社の存続を大きく左右する**時代が来ています。

# 「速く走る」ではなく、「走り続け」られるか？

## 110点を「毎年」続けられる人

ビジネスパーソンとしての成長を強く意識し、そのための取り組みを進めていくことは大切です。ただ、それが短期間で一時的なものになってしまったら、危うさが漂います。

**短期的に速く走ることができたとしても、そのあとが続かないのでは、長い仕事人生、うまくはいきません。大事なことは、最大瞬間風速を狙ってとにかく「速く走る力」ではなく、「走り続ける力」です。**継続性が求められるのです。

残業や長時間労働に問題があると思うのは、それは持続的ではないからです。体力を奪われる瞬間風速のハードワークを前提にした働き方は、長続きしません。

それよりも、安定して継続できる力をつけたほうが、プロとしてはバリューが出せる。続けられる人、走り続けられる人が、最後は結果を出すのです。150点、200点を目指して大振りしようとするのではなく、**110点をコツコツ続けていく。それがやがて、大きな力になっていく**と思うのです。

私は1989年に社会に出て、たくさんの人と一緒に仕事をしてきました。いろいろな人が、いろいろなパターンを持っていました。

入社1年目、2年目に猛スピードで成長をしたけれど、その後、停滞期がやってきて、やがてどんどん沈んでいった、というパターンもありました。第1章では、会社員のキャリアのピークは一般的には45歳という話をしましたが、それは役職の話で、個人のパフォーマンスについて言えば、20代後半から30代にかけてピークがやってきて、徐々に落ち着いていくパターンの人もいました。

一方で、30代後半、40代になってから、だんだん真価を発揮していくような大器晩成のパターンの人もいました。

ピークの長さも違います。一発芸人的にグッと伸びるけれど、そのあとはずっと低迷してしまうというパターンもあります。

**わかったのは、人それぞれ、ピークタイムというのは個人差が激しくある**ということです。人によって、時期も、期間も、千差万別です。

年齢とともに一様にしぼんでいくわけでもない、ということがわかったのは、とても希望のある話だと思います。

## 傲慢にならず慢心もせず、「謙虚」な人

自分に訪れたパフォーマンスの絶頂期は誰しもなるべく長期間にしたいでしょう。

多くの人を見ていると、このピークの期間が長く続く人には傾向がありました。一つは、**何より謙虚さを持っていること。結果を出したあとも、ベテランになってからも素直で柔軟性があって、向上心を忘れない、**ということです。

ビジネスの世界で先頭集団に長く留まっている彼ら、彼女らの共通項を考えてみたとき、真っ先に浮かぶのが謙虚であるという性質です。謙虚だから、傲慢にならない、慢心しない。

**自分が成果を出せるトップランナーになったとしてもおごらないというのは、裏を**

**返すと、自分の成長の余地を感じている、**ということだと思います。まだまだ伸びられる、という成長欲求を持っている。自分の可能性に対して、貪欲に追求する姿勢を失わない。

謙虚であることは、今後の自分の可能性を信じているからこそ、とも言えます。だから常に何かを学ぼうとし、それが新たな成長につながります。

自分の課題を指摘されても、ムカついたり、怒ったりしません。「確かにそういうところがある。自分の弱点です。教えてくれてありがとう」となる。むしろ、自分の成長に向けて、トクをする情報をもらったと受け止める人たちなのです。

では、彼らのようになるには、何が必要なのか。それは、**自分は未完成と常に認識し続けることではないでしょうか。未完成の自分だと受け止めるからこそ、謙虚になれるし、成長も追い求められる。**

実際、簡単に完成する人などいません。ならば、未完成を認めたほうがいいのです。

## 「自分のピークは今から3年後」と思い続けられる人

未完成の自分を維持するために、一つの方法があると私は思っています。それは**「自分のピークは今から3年後にくる」**と思い続けることです。マインドセットもそうですし、行動面でも、そうなるように取り組みを続けていく。

**3年後のピークとはつまり目標、ゴールポストを自分の年齢とともに動かし続ける**ということです。10年だとちょっと先の話になって、「まだ今やらなくていいや」というようなことになりかねません。

一方で1年や2年だと近すぎて、時間的猶予がないので、今の自分に近い形しかイメージがしにくくなる。

あまり遠いとモチベーションも湧かないし、近すぎてもやっぱり意欲は高まらない。

自分はまだまだできる、まだまだ伸びる、伸びしろがある、未完成だ。

自分の人生のピークは常に3年後にあると考え続けると、キャリアは長持ちすると私は考えます。錆びにくくなるのです。

# 「タテ」と「ヨコ」のつながりが広い人

## 20代なら「プラス15歳」、40代なら「マイナス15歳」

人とのつながりがビジネスパーソンにとって極めて重要なのは言うまでもありません。ただ、**意識してほしいのが、年齢の幅**です。

学生時代のつながりがずっと続いているという人もいるでしょうし、新卒で就職したときの同期や、会社に入って最初に仕事を教わった先輩や上司と親しくなっていくこともあります。また、自分が経験を積んだ後に後輩が入ってきたり、部下ができたりすると関係性は当然のように広がっていきます。

もちろん、社外の取引先やお客様とのお付き合いもある。自分の上司世代のお客さまもいれば、同世代の担当者とのつながりが深まることもあります。

ただ、人とのつながりを自分で意識して編集していくという発想がない場合には、多くの場合、自分よりプラス5歳、あるいはマイナス5歳の「自分の年齢の上下10学年ほど」の幅に収まる傾向があります。

自然なことではありますが、あえてデメリットがあるとすると、自分が20代、30代、40代と年齢が上がっていくに従って、その彼らも同様に高齢化していくということです。

そこでぜひ意識してほしいのが、**自分よりもプラス15歳、あるいはマイナス15歳の人脈を作っていく**ことです。

## 「周囲総高齢化」でビジネスチャンスは激減する

たとえば自分の年齢を中心に、上下10歳くらいの幅のお付き合いしかない場合、40代を超えて50代が近づく、あるいは50代を超えた場合、もしビジネスでつながりを活かすことになれば、その影響度は残念ながら下がっていくと言わざるを得ません。

たとえば50代後半の私は、求人サービスのコンサルティングの仕事もしていますが、仕事の相手先になるのは、現場の40代の課長クラスが中心です。私の同年代は、すでにごく一部が社長や経営幹部クラスに残っているくらいで、現場はすでに30代や40代に世代交代しています。

もちろん、社長がビジネスの窓口になることもありますが、あと何年かすれば、その社長は確実に次世代と交代していきます。つまり、社長との関係性しか持っていなかったとしたら、数年後に仕事のつながりは得られなくなるということです。

それなら、**最初から15歳下の40代と付き合いがあるほうが、仕事としては長続きしていく可能性が高い。**同じ年代の人としか付き合いがなかったとしたら、その人脈が仕事を離れるタイミングで、仕事への影響力を失ってしまいかねないのです。

また、もし50歳で転職を考えたとき、もちろん同年代の人脈からの紹介や推薦も得られる可能性がありますが、30代の若い世代が中心の会社からも紹介や推薦が受けられるかもしれない。転職でも、選択の可能性を広げてくれることもありえます。

## 「15歳下の世代」と友人関係を作れるか

あまり意識しない限り、プラスマイナス5歳、結果的に10学年の幅に収まる人付き合いを、あえて意思を持ってプラス15歳、あるいはマイナス15歳のつながりを作っていくのです。

プラスマイナス15歳というと、相当な幅です。プラスマイナス5歳だと10学年だった幅が、**プラスマイナス15歳だと30学年の幅になる**のです。一般的にいう**親子一世代分に近い年代の縦幅の人脈ができます。**

現実には、20代あるいは30代前半のうちは、自分より上のプラス15歳のつながりをできるだけ多く作り、逆に自分が40歳を超えてきたときに、自分より下のマイナス15歳、新人や若手世代の友人をたくさん作っていくといいでしょう。

若い頃はマネジャーや課長が10歳近く上のことが多いので、15歳上となると、上司の上司世代というケースが多いかもしれません。部長や事業部長クラスと、個人的なつながりを意識して作っていく。

逆に、40歳を超え始めたときには、新人世代や若手世代と、上下の関係というよりは横の関係で友人のような存在をできるだけ作るようにする。

これは、社内、社外問わずです。社内だと、どうしても役職や年齢、世代が邪魔をしてしまうかもしれませんが、社外や業界に関係ない世界では、友人、知人は、より作りやすいかもしれません。

## 年下にこそ「敬意」を持つ

こうした**縦長の人脈を作ることは、ただ仕事につながるかもしれない、というだけではありません。**上15歳、下15歳という30学年分の感覚、考え方、感じ方、哲学の違いを、自分で学ぶことができるのです。

かつ、自分の年齢が上がっていっても、下の世代との付き合いがある。60歳になったとき、40代の現場でバリバリ活躍している世代とつながりがあれば、第一線の情報も手に入れることができる。

**世代の違う人の見方や考え方は自分の知見に幅を持たせてくれます。**そうした感覚を持っていれば、**新しい関係性も作りやすいし、その感覚は間違いなく仕事にも転職にも活かせる**でしょう。

「ちょっと若い人の考え方を知りたい」と、食事に誘うのもいいでしょう。一緒に仕事をしているメンバーより、隣の部署やプロジェクトで一緒になった関係部署のメンバーの方が近づきやすいかもしれません。

そして、会うことになったら、こちらから鎧兜を脱ぐ。相手には警戒心がある場合は、それを解かないといけません。会話のテーマとして、多少プライベートも含めたりするのもいいでしょう。

直属の上司ではなく、社内の隣の部署ということになれば、キャリアの相談を受けたり、転職の相談を受けたり、そういう関係性が作れたら、ベストかもしれません。取引先の担当者なども、社内的な利害はありませんから、より話をしやすいかもしれません。15歳も離れた年下の人に対して、説教口調にならないように話を聞く。**いい関係性が作れたら、それは生涯の宝になります。**

逆に15歳上のつながりを作るときには、ある種の営業力が必要になります。相手の懐に入り込む力。可愛がってもらえる力。そういうものを養うという意味でも、15歳上の人脈づくりにも価値があると思います。

第3章

# 「自分」と「スキル」を見極める

## 自分棚卸しの具体的方法

03

# スキルの見極めは「縦横」「需給」「傾き」の3視点で

## 「バーティカル」なスキルなのか、「ホリゾンタル」なスキルなのか

前章では、35歳以降も会社で成果を上げ、また、転職にも引く手あまたの人のマインドを紹介しました。この章では、実際にキャリアを考える時に必要になる、自分のスキルの見直し、棚卸しの具体的な方法をお伝えします。

**自分のスキルはどのくらい求められているのか。どのくらい通用するのか。それを見極めるポイントは3つ、「縦横」「需給」「傾き」です。**

まず「縦横」について。

仕事は大きく2つに分かれます。**「バーティカルな仕事」**と、**「ホリゾンタルな仕事」**です。

「バーティカル」とは、垂直方向という意味の言葉で、バーティカルな仕事、というときには、おもに、**特定の分野に特化した仕事、サービス**を指します。

医療分野、美容分野、ITなど、専門性の高い業界のなかで、医師や建築家、看護師や美容師など、専門スペシャリストとして働くのが、バーティカルな仕事です。

資格が必要な仕事だけでなく、会社員であっても、精密機械の営業、ITエンジニア、製鉄所の生産管理や医療機器の開発、新聞記者など、その業界に特化した仕事が特徴です。

**専門スペシャリストとして成り立ちやすいですが、別の業界への横断はしづらい仕事、**といってもいいかもしれません。業界固有、ピンポイントの職域で通用する専門的なスキルを持っている。言ってみれば、専門性の高い「縦」長、狭い業界軸で移動する仕事です。

一方、「ホリゾンタルな仕事」とは、**業界や会社をまたいでも通用する汎用的な仕事**を指します。人事や経理、経営企画など、特に管理部門系の仕事は、お菓子メーカーでも商社でも、業務の共通性が高く、仕事の手順も似通っています。

業界にとらわれず、業務としてやるべきことは業界や企業の規模をまたいでも同じようなものになる。だから、まったく違う業界へも流動性があると言えます。水平移動がしやすい。「横」にも移りやすい仕事です。

まずは、自分の仕事について、この「縦横」を認識しておく必要があります。

## ホリゾンタルな仕事（業界をまたいで需要が広がる仕事）の例

| |
|---|
| CXO（経営者） |
| 経理・財務 |
| 人事 |
| 専門事務系全般 |
| 生産管理・生産技術 |
| 店舗開発 |
| 広報（若いうちは特に） |
| 代理店・フランチャイズ営業 |
| カスタマーサクセス |
| IT企業の事業会社情報システム部門<br>発注者側としての専門性を活かせる |

## バーティカルな仕事（特定の業界に需要が限定される仕事）の例

| |
|---|
| SaaSのセールス |
| 精密機械の営業：業界色が強い営業職の例 |
| 駄菓子の営業：食品業界特有の営業スキルが必要 |
| 法人向けソリューション型セールス |
| 電気・電子機械技術者 |
| 土木・建築技術者 |
| 化学・製薬技術者 |
| 百貨店の販売職 |
| ホテル支配人・施設長 |
| IT技術者（SIer系） |

## スキルの種類によって、「流動性」が変わってくる

**バーティカルな仕事は、特定の業界の中で、その道の超一流、トップシェア、など専門性を高めていくことで、本人も会社もその価値が高まります。**転職活動においても、自分がやってきたことはそのままで、所属が変わるということですから、求人との条件が一致すれば、すぐに採用が決まることでしょう。

ただ、特定の業界の中の移籍ですから、その業界そのものが、需要が減っていくトレンドにあったりすると、転職も難しく、将来も厳しい状況になりかねません。場合によっては、思い切って別業界へのシフトチェンジのようなことも考えたほうがいいでしょう。

**ホリゾンタルな仕事は、競争相手も多い一方で、可動面積が広い。流通できる幅が広いので、**転職のしやすさは高まります。スキル自体がどこまであるか、またどこまで幅広い経験をしているか、がポイントになります。

これは転職としてもそうですが、個人で独立・起業するときにも同じ考え方ができ

ます。ホリゾンタルな職種ほど、スキルの「バラ売り」がしやすいと言えます。「月末の経理処理をやります」「採用コンサルティングを行います」といったサービスを提供しやすいのです。

一方、バーティカルな、たとえば「巨大な製鉄所の生産管理の仕事」が、あまり汎用的ではないことにはお気づきいただけると思います。スキルの種類がどんなものなのかによって、流動性がかなり変わってくるのです。

## いま現在、その仕事に対する「需要と供給」はどのくらいあるか

続いて、スキルの見極めに必要なのが、**「需給」**です。その仕事について、果たして需要があるのか、ないのか。それによって、せっかく培ってきたスキルでも、転職に活きてくるのか、それとも武器にならないのかがわかります。

**経験してきたスキルに需要があればあるほど、転職やキャリアづくりに幅が持てる**ことになります。需要があるので、売り先があるのです。ところが、スキルに需要がなければ、別の道を考えざるをえなくなることもあります。

どんなに得意で、好きで、スキルが高くても、**需要がないことをいくら積み上げても、その次のステップは難しい。**

一方、需要が高かったとしても、それ以上に供給が多い仕事であれば、やはり次のステップは難しいことになります。**供給の多い仕事は、つまり競合が多い**ということ。**競合に負けないだけの特徴を、強みを作っていかなければいけなくなる**のです。

# その「船」が行き着く先に「需要」はあるか

## その仕事の需要は今後、「右肩上がり」か？ 「右肩下がり」か？

そしてもう一つ、見極めなければいけないのが、**「傾き」**です。これは、その仕事の需要がこの先、どうなっていくのかです。**右肩上がりで需要は上がっていくのか。それとも、右肩下がりで仕事の需要は減っていってしまうのか**ということです。

**多くの転職希望者と面談をしてきて実感していることの一つに、主観的な目線がとても強い**ということがあります。

たとえば、「私はこれができます」「自分はこれが得意です」と自分ができることを中心にキャリアを考える方法です。確かにキャリアづくりの大原則は「長所伸展」で、自分の長所や得意分野を伸ばし、強みにしていくことにありますが、実はそれだけでは足りないことに多くの人が気づいていない。それは**「世の中からの目線」**です。長所や得意分野があったとしても、それはきちんと世の中からの需要があるのか、という観点です。その得意なことは求められているのか。どのくらい労働マーケットから必要とされているのか、ということです。

**いくら自分が得意とすることでも、買い手が付かなければ売れません。**もちろん、不得意なことを無理してやっても継続性がありませんし、ストレスが高まるだけなので、得意なことや強みを活かしていったほうがいい。強みを伸ばしていくという方法で考えたほうがいい。ただ、その強みに需要があるのかを考えていない人は多いのです。

## たとえば「新聞記者」は、これから需要が拡大していくのか

経験してきた業界や仕事で自分がやってきたことは得意だと思っている。実際に、プロ性がある。しかし、その仕事自体の需要がどんどんなくなっていっている場合はどうなるかを考えておく必要があります。

構造変化によって需要が減少していきそうな業界や仕事。にもかかわらず、**「できます」「得意です」「やりたいです」という理由でしがみつこうとしても、どこかで限界はやってきます。**銀行の支店営業の仕事が減少しているのに、長年やってきたキャリアを活かしたいから銀行で営業を続けたい、というのもこのケースです。

この非合理的な行動の背景にあるのは、いわゆる「サンクコスト」。「埋没費用」と訳される概念で、お金や時間、労力を投じてきたことをやめるのはもったいないから、やってきたことを活かしたい、という思いです。

しかし、このまま伸ばし続けていったところで、需要はどんどん減っていくことになれば、いくら活かしたいスキルでも出番は減っていく一方です。

私がお会いした中では、新聞やテレビといったマスメディア業界で働く人の中にもこのような人が多くいました。新聞の発行部数が25年で半減している今、新聞記者という職業がこれから華々しく需要が拡大していくとは考えにくく、第一線の記者でさえもほとんどの方は先行きの難しさを、頭では実感しています。

一方で、新聞記者は専門的な職業であり、若い頃から鍛えてきた取材・執筆・編集など専門スキルが活かせる職種だという自負と、今もなお相対的に恵まれた報酬があるがゆえに、行動したくてもできないという方が多い。得意と条件の両方が重なっていることで、**異業種・異職種への転身に挑戦するタイミングが遅れがちになりやすい。**

もちろん、そんな中でも**動向の変化を敏感に感じ取って、迅速に動き始める人もいます。**早くからネットメディアに転じたり、ニュースメディアを立ち上げたりした人たちはその代表格です。

## 「伸びていく産業」に飛び移る、という考え方

アパレル業界も同様です。かつて興隆を誇った高価格帯のアパレルマーケットが縮小し、ユニクロなどのファストファッションの登場で業界の構造は一変しました。

そんな中、大手アパレルで長い間、企画をやってきた、バイヤーをやっていた、という人たちは、自分の得意分野を伸ばし、それを活かそうとしても、実際には行き場所がないという現実があります。

ただ、これも新聞記者と同じように、早いタイミングでインターネットショッピングの世界に転じ、そこで成果を上げて幹部になっている人も多くいます。

03

第3章

# 「自分」と「スキル」を見極める

## 自分棚卸しの具体的方法

同じ業界・業種・職種で長く働けば働くほど、ここでずっとやってきた、その得意なことをここで活かしたい、と思うのは当然の人情です。しかし、**いざ需要がなくなってしまえば経済的に沈滞していき、職業として成立しなくなってしまいます。**

銀行の経験、新聞記者の経験、アパレル業界の経験も、培ってきたスキルの中で横展開ができ、他業界で売れるスキルはたくさんあります。その付加価値を見つけて、伸びていく産業に勇気を持って飛び込んでいくことは、当然の生存戦略です。そこに**「世の中の目線」を鍛えておくことの意味がある**といってもいいと思います。

### スキルを分解して「ポータブルスキル」を見つける

１９９０年代半ばにインターネットの本格的な普及が始まってから、今は50年くらいかけて産業構造が革命的に変わるタイミングになってきています。大きな変化が起きている最中なので、なくなっていく仕事は間違いなく増える。一方で、新しく生まれてくる仕事もあって、両者が交錯しているのが今なのです。

とりわけバーティカルなところで、需要が減少する仕事が増えています。実は、早めに乗り換えを検討すべき職域が、いろんな業界に存在するのです。他業界から見て、「あの業界は危ないな」と気づいている人も少なくないのではないでしょうか。

その意味では、**自分の業界について、他業界の人たちに聞いてみるのも、一つの方法**です。「傾き」について、周囲からシビアに見てもらったほうが、結果的にはいいと思うのです。

一方、**一見するとバーティカルに見えても、考え方次第でホリゾンタル的にニーズを見つけられることもあります。**たとえば、オーディオメーカーでステレオコンポの開発をやっていたというスキル。オーディオエンジニアの「需給」「傾き」は言わずもがな、でしょう。

しかしここで、スキルを細かく紐解き「電子回路設計をしていた」「筐体《きょうたい》の設計をしていた」ということになれば、自分が携わってきた液晶テレビでなくても応用できることがわかる。「自分は液晶テレビ屋だ」と自己定義していたら見えなかった可能性が、スキルを分解することで見つけられることもあるのです。

03

第3章

# 「自分」と「スキル」を見極める

## 自分棚卸しの具体的方法

他の職種でもポータブルスキルと言えるものは多様にあります。「若手人材の育成」「ロジカルシンキング」「データを分析する力」などもその一例です。バーティカルな仕事の中の、ホリゾンタルな部分を見つける。これが、次のステップに進む、大きなヒントになりえます。

過去にやってきたスキルを捨てるという選択は難しいものです。しかし、だからこそ、この**「縦横」「需給」「傾き」の3つのポイントで、自分の仕事を冷静に見極めることが重要になる**のです。

# 「仕組みを作ることができる人間」か「仕組みの中で成果を出す人間」か

## 「組織」で成果を出すか、「個人」で成果を出すか

自分のスキルを見極める際にもう一つ、持っておいてほしい視点があります。それは、**自分自身のスキルタイプを知っておく**ことです。同じ営業の仕事で成果を出せていたとしても、実はスキルタイプが違っていたりするのです。

端的に、組織で成果を出すか。個人で成果を出すか。仕組みを作る人か、仕組みを運用する人か。異なるスキルタイプの仕事で転職してしまったりすると、うまくいかなくなることがあります。

わかりやすく理解できる4象限の表があります。横軸に「仕組みを作る」「仕組みを運用する」。縦軸に「組織成果」「個人成果」。

そうすると、**「仕組み／組織」「仕組み／個人」「運用／組織」「運用／個人」という**

## あなたはどこで成果を出す人か

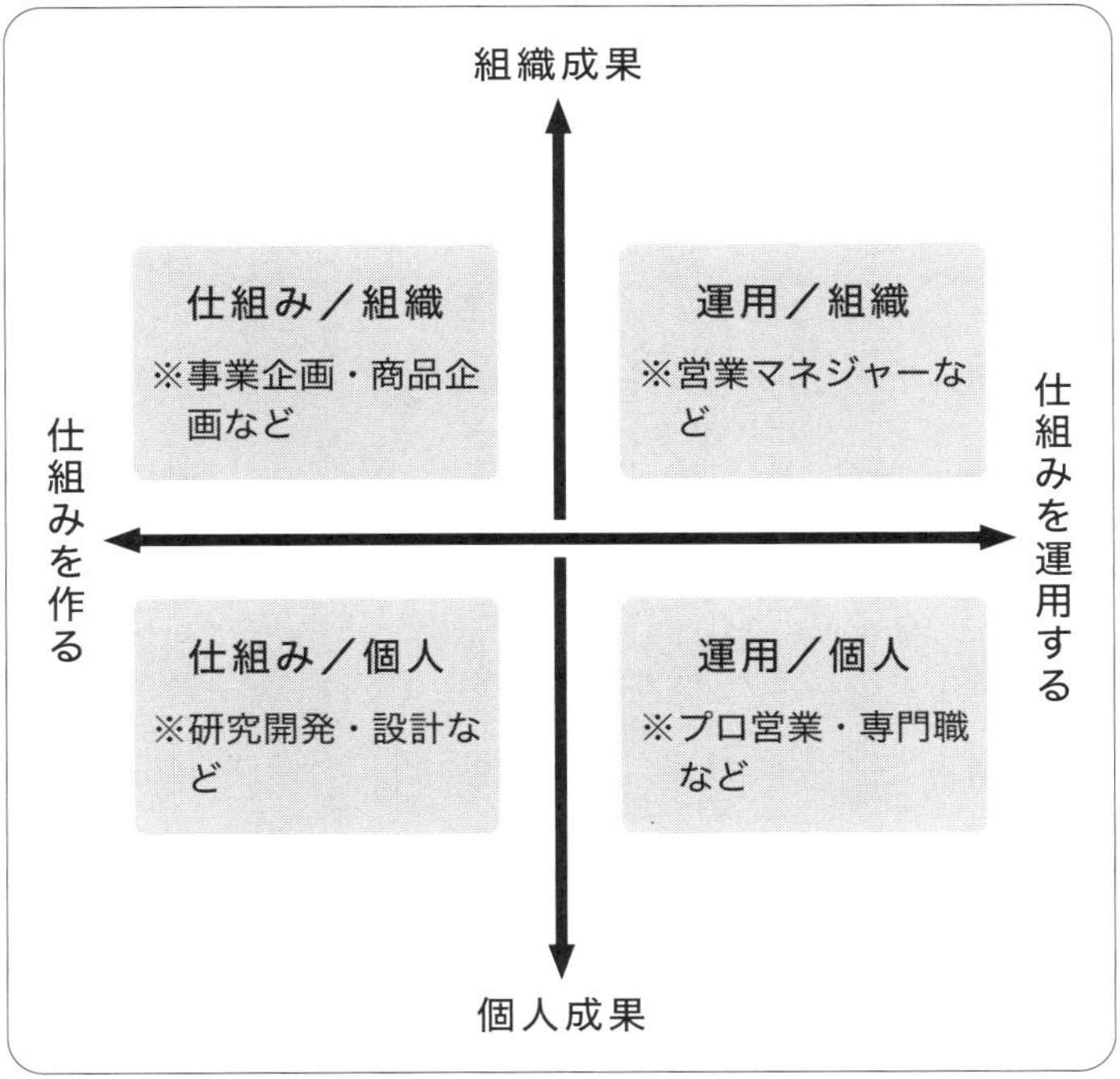

**４つの象限ができます。**

仕組みを作って組織で成果を出す**「仕組み／組織」は、まさに経営者やリーダーの仕事**でしょう。商売の仕組み自体を生み出し、組織の力を借りてそれを大きくして、最も影響力の大きい仕事ができる。営業企画のような企画職、新規事業開発なども該当します。個人で仕組みを作って個人で成果を出す**「仕組み／個人」という人もいます。一匹狼的な仕事。**たとえば、生命保険の営業のような仕事が該当します。

仕組みを運用して、組織で成果を出す**「運用／組織」は、すでにある仕組みや組織を、うまく運用する仕事。いわゆる管理者、マネジャーの仕事**です。成長企業の営業所長などに鬼軍曹のような人がいたりする。

そして、すでにある仕組みを運用して個人で成果を出す**「運用／個人」。これは、一般の営業パーソンなどが該当**します。

第3章

「自分」と「スキル」を見極める
自分棚卸しの具体的方法

## 自分は「どのタイプの人間か」見極める

挙げた職種は代表的なものですが、どんな職種であれ、こうして4象限に分けてみると、自分がやっている仕事が、どこの象限に入ってくるか、イメージができるのではないかと思います。

そしてもう一つ、自分はどれが得意な人間なのか、どちらのほうが向いていそうなのか。それも想像できると思います。仕組みを作る側か、運用する側か。組織で動くタイプか、個人で動きたいタイプか。

これを**しっかり見抜けていないと、営業パーソンとしてはずば抜けた成果を出すことができたのに、組織のリーダーになった途端、成果が出せなくなった、などということが起こりえます。**

すでにある仕組みを運用して個人で成果を出す「運用／個人」が得意なのに、組織を運用して、組織で成果を出す「運用／組織」に移ってしまったら、その得意は活かせなくなります。

また、やはり営業パーソンとしてずば抜けた成果を出すことができた人が、今度は新規事業に挑戦してみたい、などという選択をするケースがあります。

すでにある仕組みを運用して個人で成果を出す**「運用／個人」が得意なのに、仕組みを新たに生み出さなければいけない仕事に就く。これではミスマッチになってしまいます。**

実際、私も周囲でこのパターンでうまくいかなくなってしまった人を見たことがあります。

## 「なりたい自分」に近づくための第一段階

自分のスキルは一般的に、業界や職種で把握している人がほとんどでしょう。

「自動車ディーラーで営業をやってきた」
「お菓子の原材料仕入れをやってきた」
「商社で経理をやってきた」

03

第3章

# 「自分」と「スキル」を見極める

## 自分棚卸しの具体的方法

ところが、**「仕組みを作る側か」「運用する側か」といった観点では、自分のスキルを捉えていないケースがほとんど**です。これを理解しておけば、キャリアを選択するときの選択肢の質が変わってくるのです。

そしてもし、得意ではないかもしれない、あるいはやったことがないからわからない、という仕事に転じるときには、何が足りないのかを理解することにつながります。

個人で成果を出す「運用／個人」が得意だが、やがて組織で成果を出す「運用／組織」に移るのであれば、何が必要になるのか、が見えてきます。

**なりたい自分に近づくための第一段階は、現在の自分となりたい自分とのギャップを認識すること**です。**ギャップがわからないと、見方を変えられないのです。**実態について理解ができていれば、その差分をどう埋めればいいのか、という思考になっていくのです。

そして、**なりたい自分とのズレに気づかないままでいると、勝率は低くなる。**キャリアは、勝率が高いところに行ったほうがいいのです。

先にも少し触れていますが、実は自分以上に周囲の人が自分のことをわかっていることもあります。ですから、なりたい自分について、周囲に聞いてみるのも、一つの方法です。

## 「3年に1回」、「5年に1回」は自分の現在地の棚卸しを

4つの象限のうち、「どの象限が市場価値が高いのか」「たくさん給料が稼げるのか」という質問を受けることがありますが、相対的に高いのはやはり仕組みを作って組織で成果を出す「仕組み／組織」でしょう。

しかし、だからと言って、全員にこれができるわけではない。また、人数としては圧倒的に「運用／組織」のほうが必要になります。

**どこの市場価値が高いのか、という前に、自分の強みなり、自分のキャラクターからして、どこが居心地がいいのかを確認する**ことが、第一歩だと思います。何が上で、何が下、といったヒエラルキーは、自分なりの成果を出すという点においては関係がないのです。

そして、いずれの象限でも、独立・起業する選択ができます。「運用/組織」は企業を作って成長させるイメージが強いかもしれませんが、仕組みを運用して個人で成果を出す「運用/個人」や仕組みを作って個人で成果を出す「仕組み/個人」では1人社長で会社を作る「マイクロ起業」という選択肢が生まれます。

また、**スキルが蓄積されていくと、いつの間にか象限が変わっている、**ということもあります。**仕事内容やポジション、年齢、置かれている状況によっても変わる。**ですから、**3年に1回、5年に1回は自分が今存在している象限の棚卸しをする**といいかもしれません。

近づきたい方向に近づいているかどうかも、ここで確認できます。

## 私は食べるため派？　やりがい派？「スタンス」を確認しておく

### 自分の「働く目的」をはっきりさせているか

多くの方々のキャリアの変化、転職や独立に伴走してきた私から見ると、ご自身のキャリアを考える際、実はとても大事なことが抜け落ちているのではないか、という印象を持つことがあります。

それは、そもそも、**私はなぜ働き、どう働こうと思っているのか、それがはっきりしていない、**ということです。本章の前半で、スキルの棚卸しの話をしましたが、**スキルの棚卸しはしても、「なぜ働くか」「どう働くか」ということについて考えていないと、仕事で成果が出ても、納得感が得られない場合もあります。**

この節では、「なぜ、私は働くのか、どう働くのか」ということを、確認していただこうと思います。

03

第3章

# 「自分」と「スキル」を見極める

## 自分棚卸しの具体的方法

そもそも「何のために働くのか」という「働く目的」は、家族や友人、読んできた本、これまでの体験など、さまざまな環境と出来事によって形成される、人によって千差万別の多様なもので、自分の中でも状況や環境に応じて刻々と変化します。

ですから、単純に「私の働く目的はこれです」と綺麗に100%割り切れるものではない、というのが多くの人と面談してきた私の印象です。

ただ、そもそも普段こういうことを考える機会はほとんどない、ということは間違いないようです。そうなると自分の中の価値観、「働く目的」を考えないまま就活をしたり、仕事探しをしたりするようなことになります。自分の尺度すらぼんやりしているのに、そこに他人の尺度や意見が加わって混乱するケースも増えてしまう。

先生、知人、友人から「こう考えるのが当たり前ではないか」と言われたことが迷いを生み、なかなか気持ちが乗らない中で本意でない就活や転職活動をしてもうまくいきません。

**仕事やキャリアについての迷いは、自分の心の中の「働く目的」を自己把握できていないことに起因することが多い**のではないかと感じているのです。

## 「食べるため派」と「やりがい派」も2つに枝分かれする

この「働く目的」をすこし乱暴に分けると、大きく2つになります。

一つは**「食べるために働く」**というものです。稼いでいくことが仕事のすべて、という考え方です。これはこれで間違っているわけではありません。原理原則的な考え方だと思います。

一方で、「どうせ働くなら」という前置きがつくことが多い場合もありますが、**「働く以上は、やりがいを追いかけたい」**という考え方があります。もちろんこれも、間違っているわけではない。こちらも、原理原則的な考え方です。

そして、それぞれはまた大きく2つに分けられると考えています。「食べるため派」は、「必要最低限、稼げればいい」という考え方と「より大きく稼ぎたい」に枝分かれしていく。

「やりがい派」も「誰かのために働きたい、誰かに喜んでもらいたい」という世のため、人のための考え方がある一方、もう一つの考え方があります。「自分に与えられた可能性を最大限に活かして大きなことを成し遂げたい」という考え方です。

これらをもっと砕いていくと、実は64種類くらいになるのですが（「働き心地 黒田のサイト」とネット検索すると詳しく掲載されたページに突き当たります）、大別すれば「食べるため派」と「やりがい派」に分かれると私は考えます。

そして前者でも粛々と最低限食べるために働くパターンと大きく稼ぎたいパターンがあり、後者も誰かを喜ばせるために誰かのために働くパターンと、自分の力を試したい、何かことを成し遂げたいというパターンに分かれてくるのです。

## どういうバランスであれば「自分の感覚」に近いか

大雑把な分け方ですが、**自分がフィットする「何のために働くのか」をぜひ考えてみてほしい**のです。完全に100％ではなく、4つのパターンが入り混じるグラデーションになる人が多いと思います。

しかし、どこが最も強いのか。どれが最も自分にピンとくるのか。あるいは、どれがフィットしそうか、どういうバランスであれば自分の感覚に近いか、どんなグラデーションを描くのかがイメージできると、仕事の満足感や納得感が変わります。

この自分なりのグラデーションは、次章からお話ししていく、転職や独立・起業など、人生の岐路に立ったときにどちらを選ぶのかの大きな物差しにもなります。最低限食べるために働ければいいのか。大きく稼ぎたいのか。誰かを喜ばせるために誰かのために働きたいのか。自分の力を試したいのか。

## 実は「やりたいこと」がはっきりしていない人たち

多くのミドル世代の方々と面談をしていて気になったことの一つに、**「実はやりたいことがはっきりしていないのではないか」**という状況が見えることがあります。「これができます」「こんなことがやれます」「こんな資格を持っています」とは語れても、「だから、これがやりたい！」がないのです。

一方、なぜかいつも人が集まってきたり、多くの人がサポートしていたり、応援していたり、という人がいます。そういう人はどういう人なのかというと、「これがやりたい」がある人です。

**自分の提供価値を見極めて、「自分は何屋です」「こういうことがやりたいんです」という自分の旗を立てている。**だから、思いを同じくする仲間や同志、支援してくれる人たちが集まってくる。サポートを得られることによって、「これがやりたい」に近づくことができる。「これがやりたい」がはっきりあるからこそ、こういうサイクルができていくのです。

**自分は何がしたいのか。どんな価値を作り出したいのか。世の中にどう役立ちたいのか。まずはそれを考え、決めること**です。もしそれが定まったなら、旗幟《きし》鮮明にする。

そうすれば、仲間も集まってくるし、情報も集まってくる。巻き込もうと思っていなくても、多くの人が巻き込まれていく。こういう循環を作るためにも、**「これがやりたい」「自分は何屋だ」と定めることには意味がある**のです。

そして、公言する。友人や知り合いに伝える。ＳＮＳを使って宣言するのもいいでしょう。せっかく**「これがやりたい」があるのに、黙っていては誰にも伝わりません。**それでは前に進んでいかない。

「これがやりたい」でもいいし、**「こんなふうになりたい」「こんなふうにしたい」でもいい。それが明確にあるなら、世の中にアピールしていくこと**です。そこから、いろんな機会が広がっていく。それこそ転職にも、新たなキャリアにもつながる可能性があるのです。

## 「これがやりたい」を公言すると、応援が集まる

実際、私の場合も仕事人生を通じてずっと気になっていたのが「なかなか厳しい状況にあるミドルの転職をなんとかしたい」ということでした。だから、その解決の一助となるべく、独立起業しました。

するとどうなったのかというと、同じように「ミドル転職をなんとかしないといけないよな」と思う人たちが次々に応援してくれたのです。

こんな情報があるよ、と情報をくれた人もいれば、こんなことをやったほうがいい

# サンマーク出版
# ロング・ベストセラー

〒169-0074 東京都新宿区北新宿 2-21-1
tel.03-5348-7800　fax.03-5348-7801
https://www.sunmark.co.jp

定価＝1540円（10%税込）
ISBN978-4-7631-4121-7

## 糖質疲労

ジャンル：健康

山田悟 著

食後に眠い人は、すぐ読んでください。
「疲れやすさ」と「老化」の正体は糖質にあり。
北里大学糖尿病センター長が教える世界最新医学、糖質コントロール食事法！10万部突破！

←LINEでこの本を試し読み！

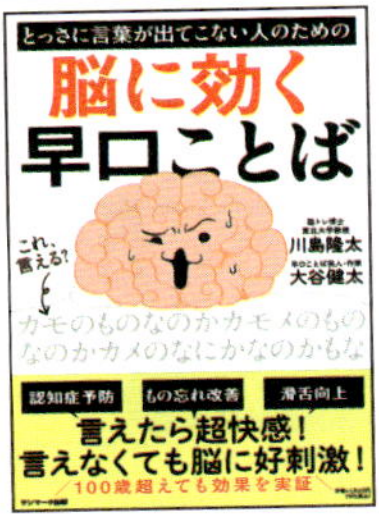


定価＝1540円（10%税込）
ISBN978-4-7631-4141-5

## とっさに言葉が出てこない人のための 脳に効く早口ことば

川島隆太 監修 大谷健太 著

ジャンル：健康

「あれ…えーっと？」こんな風に会話がフリーズしてしまう経験ありませんか？脳トレ博士と早口ことば芸人が生み出した脳に効く早口ことばを６３個収録。口に出して楽しく認知症予防ができます！

←LINEでこの本を試し読み！

んじゃないか、というアドバイスをくれた人もいます。この人は会っておいたほうがいいぞ、といういろんな業種のキーマンを紹介してくれた人もいます。

しかし、これも私が「ミドル転職をなんとかしたい」という思いから、会社を作ったからに他なりません。もし、黙って何も言わずに会社を立ち上げただけなら、こうはならなかったでしょう。

「これがやりたい」「自分は何屋だ」を明らかにして、宣言し、公言したからこそ、起きたことだったのだと思うのです。

しかし、もし私が「独立・起業して大儲けしたい」と表明していたとしたら、どうだったでしょうか。これでは応援してくれる人が現れそうにないことは、ご想像いただけると思います。

その意味で、**「これがやりたい」「自分は何屋だ」には、個人の利益目的ではない大義名分が必要**だと考えます。社会の課題、企業の課題につながっていると、より多くの人に興味関心を持ってもらえるし、応援しようという気になってもらえます。

この「やりたい」は、そこに需要が見込めることが不可欠で、問題意識を抱えている人がいることが前提ですが、**その問題意識を共有することができれば、多くの人を巻き込んで、意義のある楽しい試みになる**はずです。

## わかりやすい「キャッチフレーズ」があるといい

「これがやりたい」「自分は何屋だ」は、できるだけわかりやすいものがいいでしょう。その意味で、キャッチフレーズのようなものができていると、よりわかりやすいと思います。

たとえば、経営企画や財務経理のキャリアを積んできて、複数社の転職経験があった人は、「ベンチャーの成長支援屋だ」と言われていました。実際、創業間もないベンチャーの経営者を支え、創業期の成長をサポートする役割でキャリアを重ねていました。

ベンチャー企業の成長推進、組織の成長推進を専門にやってきていて、それが得意。だから「ベンチャーの成長支援屋」。わかりやすいのです。「創業期に多くが苦難を迎えるベンチャーを成長させることは、大きな社会課題。それをサポートするんだ」となれば多くの人が応援してくれるでしょう。

また、「上場請負人だ」と言われていた人もいました。これまたわかりやすいキャッチフレーズです。過去にベンチャーや中堅企業など3社を上場に導くCFO（最高財務責任者）を務めていた。上場したい会社をこれからも支えたい。わかりやすいのです。

**何がしたいのか、はっきりと伝え、シンプルなキャッチフレーズにする。**さて、多くの人が応援したいと思える、あなたの「これをやりたい！」はなんでしょうか。

第4章

# 「理想的な転身」をかなえるために

## 転職活動で心得ておくといいこと

# スペシャリストとは「専門家」だけではない

## 希少性を作ってくれる「自分ならではの価値」を意識できるか

ご自身のスキル、そしてどう働きたいのかについて棚卸しができたら、次は**どのように転職に取り組んでいくべきか**、それをご紹介します。

どのような人が転職市場で求められていて、どれに対してご自身のことをどうアピールするとよいのか、具体的なお話をしていきたいと思います。転職だけでなく、副業や、フリーとして活動していくことについてもお話しします。

転職活動のご相談にいらっしゃった、Aさんの話です。

総合職として入社し、経理を5年、それから営業に異動して7年といった経歴を持つAさん。「自分のキャリアは一貫性がないのではないか、中途半端で逆にデメリットなのではないか」と考えているというのです。

データサイエンティストのような、年収2000万円を稼げるスペシャリストについて触れましたが、さまざまな企業で引っ張りだこになるようなスペシャリストといえば専門性を持っている人、というイメージが多くの人には強いようです。

「何かの専門家でなければいけない」——転職しようという人たちの中には、そんな暗黙のプレッシャーがあるようです。

だからでしょうか、自分が培ってきたキャリアに自信が持てない人が少なくない。背景には、自分の意思で異動したわけではなく、会社に異動させられてキャリアを作ってきた人が少なくないことも大きいのだと思います。ただ会社の都合で職種や部門を一定の年数ごとに動かされただけで、自分は何かのプロだと自信を持って言っていいのだろうか、と思っている。

**自分のプロ性を自分の意思で極めたという自覚がないから、自分なりのスペシャルなキャリアというものに気づけない**のです。それこそ、多くの大企業に勤める人が、異動歴をもって複数の職種を経験していることについて、専門性を損なっている、と考えているケースは多い。

しかし、転職に成功した実例をたくさん見てきた私からすると、Aさんのようにたとえば経理もわかって、営業もわかるという**「掛け算のスキル」を持っていることの価値をもっと自覚すべき**だと思います。しかも5年と7年という長きにわたって双方を経験している。どちらをメインにしても、双方の職務に精通している価値は、なかなかレアなことです。

Aさんのような場合に私は、「自分のメインキャリアとサブキャリアは何ですか?」と質問します。「会社の都合で人事異動が決まる仕組みなので、自分としては営業や経理など一貫性を持って胸を張れるスキルがあると言えない感じなんです」という回答でした。

せっかく積み上げてきたキャリアをAさんはネガティブに捉えすぎだと私には思えました。視点を変えれば、複数の領域に精通した専門家、というアピールができるのに、です。経理がわかる営業、営業がわかる経理。どちらも大きな価値があると私は感じます。

重要なことは、「自分ならではの価値」があるかどうかです。異動経験は、他の人にはできない「掛け算のスキル」を自分の中に作ってくれている可能性があるのです。これは転職市場でも、採用確率を高める希少性に直結します。

## 自分の価値をつくる「1万時間の法則」

「1万時間の法則」という言葉をご存じでしょうか。ある分野でスキルを磨いて一人前になるためには、1万時間働くことが必要だ、というものです。これまで多くの転職経験者や、各分野のプロの方にお会いしてきましたが、この物差しはある程度、正しいものだと感じています。

1万時間を法定労働時間に当てはめると、年間2000時間働くなら5年ほどかかる計算です。**ある仕事で5年働けば、おおむね1万時間に達する。経理で5年働けば、それなりに一人前になっている、プロになっている**ということです。

加えて異動して、別の仕事に7年従事していたとしたらどうか。これもまた、1万時間を超えた一人前、プロと言えるでしょう。

つまり、経理で5年、営業で7年のキャリアを積んだAさんは、1万時間が2種類あることになるのです。2つのスキルの掛け算が、自分の力だということ。言うまでもなく、2種類あることは、「自分ならではの価値」につながります。

「自分ならではの価値」とは抽象的な言葉ですが、つまりはこういうことです。**他の人が持っていない価値を自分が持っているか。そしてそれは、自分の経験を棚卸しするだけでも、実は見えてくる**のです。

## あなたが「1万時間」かけたことを掛け算する

ある人は、経理と営業かもしれない。ある人は物流と人事かもしれない。ある人は、生産管理と経営企画かもしれない。それぞれが1万時間に達した一人前でそれなりのプロであるならば、その**掛け合わせは大きな価値になります。**

そしてこの組み合わせできる掛け算が、もし3つあるとすればどうか。経理と営業に海外駐在の支店マネジメントの経験が加わる。あるいは営業とマーケティングと広報。そうすれば、その希少性はますます高まることになります。

**1万時間を超えれば、1つでもプロ**なのです。そんなプロ性のある仕事経験を3つ持っていると、それだけで希少価値になるのです。「自分ならではの価値」につなげることができるのです。

そう考えてみたら、案外、自分の中にキャリア資産が眠っていることに気づけたりします。ところが、こうした意識を持っている人は少ない。だから、転職に際して自分の武器について戸惑ってしまう。頭を悩ませることになる。

そして、**「自分ならではの価値」がこういうものだとわかれば、意識的にキャリアを作っていくこともできます。**営業を5年経験したら、あえて異動願いを申し出てみる。ここでマーケティングという掛け算が普通だと思うなら、別の意外な組み合わせを考えてみた方がいい。人事かもしれないし、経理かもしれないし、物流かもしれない。

また、年間2000時間働くなら5年くらいかかるのが1万時間ですが、ならば3年で到達しよう、と考えてみるのはどうか。労働時間に制約があるのであれば、勤務中以外にもできることに取り組む方法もあります。

**何も会社に行って勤務時間で仕事をしているだけが、自分の力をつける時間ではありません。**土日を使ったり、通勤時間やすきま時間を使ってスキルを伸ばす人もいるでしょう。

より短い期間で1万時間に到達したいのであれば、自分の時間を使って、自分の成長のためにできることをやるという選択肢もあるのです。

## 自分の代わりが「世の中にどれだけいるか」を考えてみる

また、たとえば経理一筋でキャリアを貫く、というような道ももちろんあります。ただし、そこにも何か掛け算が欲しい。隣接する職種である財務もわかる、なのか、数字をもとに経営にも近い、なのか、投資や買収を行う前に、対象となる企業や投資先の価値やリスクなどを調査・分析するデューデリジェンスの仕事などを通じてM&

Aの実務もできる、なのか、もちろん勤め先の株式上場に実務面で関わったなども立派な経験です。**自分の歩んできた歴史の中に潜んでいる価値を見落とさずに自信につなげることで、自分ならではの価値を証明しやすくなります。**

もとよりキャリアの掛け算について価値を把握しづらくなっている人は、目線が社内にばかり向いている可能性があります。**「自分ならではの価値」とはつまり、「自分の代わりがいない度合い」と同義語**です。

**自分の代わりが「世の中」にどれだけいるのか。そこに目を向けること**です。広く「世の中」という尺度で見てみると、「なるほど自分とまったく同じキャリアの人って、あまりいないな」ということにすぐに気づくはずです。

自分に何ができるのか、の前に、世の中には同じようなことができる人がどのくらいいるのか、に目を向けてみることは、実は競争力のあるキャリアづくりの第一歩、なのです。

# 「職務経歴書」に職務を羅列してはいけない理由

## 「私が入社したらこんなふうに役に立てる」と説明できるか？

転職活動では「職務経歴書」を書くことが一般的です。「職務経歴書」という漢字5文字の字面にも問題があると思うのですが、**職務経歴書は職務をただ羅列するものではありません。**言わなければいけないのは、**「私があなたの会社に入社したあかつきには、これだけの役に立ちます」**ということです。したがって、職務経歴書もこれが想像できるものになっていなければなりません。

**会社側が期待しているのは、その職務経歴を以て、この会社でどんなことをしてくれそうか、**ということです。東京営業所配属、大阪営業所に異動、京都営業所に異動、などと職務の羅列がただ書かれているだけでは、それが想像できません。

郵 便 は が き

料金受取人払郵便

新宿北局承認

9246

差出有効期間
2027年 1 月
31日まで
切手を貼らずに
お出しください。

169-8790

174

東京都新宿区
北新宿2-21-1
新宿フロントタワー29F

サンマーク出版愛読者係行

| | | |
|---|---|---|
| ご 住 所 | 〒 都道府県 | |
| | | |
| | | |
| フリガナ | | ☎ ( ) |
| お 名 前 | | |
| 電子メールアドレス | | |

ご記入されたご住所、お名前、メールアドレスなどは企画の参考、企画用アンケートの依頼、および商品情報の案内の目的にのみ使用するもので、他の目的では使用いたしません。
尚、下記をご希望の方には無料で郵送いたしますので、□欄に✓印を記入し投函して下さい。
□サンマーク出版発行図書目録

**1** お買い求めいただいた本の名。

**2** 本書をお読みになった感想。

**3** お買い求めになった書店名。

市・区・郡　　　　　町・村　　　　　書店

**4** 本書をお買い求めになった動機は?

・書店で見て　　　・人にすすめられて
・新聞広告を見て(朝日・読売・毎日・日経・その他＝　　　)
・雑誌広告を見て(掲載誌＝　　　)
・その他(　　　)

ご購読ありがとうございます。今後の出版物の参考とさせていただきますので、上記のアンケートにお答えください。**抽選で毎月10名の方に図書カード(1000円分)をお送りします。**なお、ご記入いただいた個人情報以外のデータは編集資料の他、広告に使用させていただく場合がございます。

**5** 下記、ご記入お願いします。

| | | | |
|---|---|---|---|
| ご職業 | 1 会社員(業種　　)<br>3 公務員(職種　　)<br>5 主婦 | 2 自営業(業種　　)<br>4 学生(中・高・高専・大・専門・院)<br>6 その他(　　) | |
| 性別 | 男・女 | 年齢 | 歳 |

ホームページ　http://www.sunmark.co.jp　ご協力ありがとうございました。

たとえば営業なら、これだけの売り上げだったものを、これだけにした。こんな工夫をして、ここまでの目標達成ができた。営業所長として、営業所にこんな課題があったから、こんなふうに改善したら、これだけ改善できた。そんなふうに書かれていると、自社での期待もイメージできます。

**任されていた役割の話と、その役割の中で生み出した価値の話はまったく別**なのです。

## 「その成果はいかにして生まれたか」を語れるか

逆に言えば、**今の仕事で成果を出す必要があるし、その成果をアピールする必要があります。**ただ、単にアピールされても、採用側にすれば、同じことを自社でしてもらえるという思いにはならない。

だから、**その成果はいかにして生まれたかという再現性を説明する意味が出てきます。**こんなふうにして、こんな成果を出せた。ここまで語って初めて、「もしかすると、この会社でも同じような取り組みをして成果を出してもらえるのかも」と思ってもらえるのです。

となれば、**今の会社で成果を出そうと頑張ることはもちろんですが、どうやって成果が出せたのかをしっかりと言語化しておく必要があります。**そして、それをしっかり**記録に残しておく**のです。

いつ、どんな課題があったときに、どんな取り組みをして、どんな結果が出せたのか。今の会社で働いているうちから、こうしたことを意識しておき、しっかりメモに残しておく。そうでなければ、職務経歴書を書こうとしても思い出せないのです。思い出せたとしても、わずかしかない。本当はもっとたくさん成果があったのに、そのアピールができない、ということになってしまいかねないのです。

職務経歴書を書くときのため、というわけではないかもしれませんが、**できる人はきちんと成果とその背景を意識しています。**もし、忘れてしまいそうだと考えるなら、記録に残しておいたほうがいいでしょう。

そうすることで、職務経歴書や面接で自分のことを説明しやすくなるし、自分の強みの理解も精度が上がります。強みの裏付けを語れるようにもなるのです。

## 職務経歴書から、「ポテンシャルを見抜いてもらえない」人

何度も書いているように、年を経るごとに求人は減り、採用のバーは高くなります。面接に進める確率も落ちていく。書類審査に次々に落ちてしまう、というケースも珍しいことではありません。

それは、**しっかりと職務経歴を説明できていないことに起因している可能性があります。**採用側が履歴書や職務経歴書を見て、「ああ、この人では今の課題は解決できないな」と思われてしまっている可能性が高い。

もし、「お、この人は何かやってくれるかも」と思えたら、少なくとも面接までは進むでしょう。**進めないということは、その可能性を書類からかぎ取ってもらえなかったということ。職務経歴書から、ポテンシャルを見抜いてもらえなかったということ**に他なりません。

それこそ、**本当に優秀な人の中には、まるで専門職のコンサルタントで仕事を引き受ける際の事前打ち合わせのように面接が進んでいく人もいます。**

今、この職種を募集しているということは、どんな課題があるのか、と確認する。その課題について、より深く聞いていく。そして、それに対して、自分が入社したら、こんな経験をベースに、こんなふうに取り組みを進めるので、この順番で解決できるのでは、と提案する。

結局のところ、採用側が求めているのは、こういうことなのです。自社に何か課題があるから、人材を採用しようとしている。その課題をクリアしてくれる人を求めている。だから、その**課題をしっかり聞くことには大きな意味があります。そして、自分ならどう解決するかを、プレゼンテーションする。**

採用側が、「おお、それはいいかもしれない」となれば、採用につながります。

## この人は「給料分の働き」をしてくれるか

やってはいけないのは、ただ自分の職務経歴だけを提示して、「どうでしょうか」と問うてしまうことです。それこそ、「自己PRをしてください」と言われて、「小学校時代は、図書係をやっていました」と答えるようなものだと私は思っています。やっていたことは事実ですが、その事実が相手にとって何の意味も持ちません。

「図書係」だったとしても、「本を汚して戻してくる人がいるので、こんな対策をして減らしました」「破れている本が多かったので、こんなことをして修繕する仕組みを作りました」「本の貸し出しを増やすために、こういう取り組みをしたら2倍になりました」などと報告できる人もいる。さて、どちらが期待できそうでしょうか。

**採用側、もっと言えば、給料を払う側の立場に立ってみること**です。

この人には給料分の働きはしてもらえそうにないな、と思える人を採用することはありません。大企業に勤務する人の中には、自分が上げた成果と、もらう給料との関係に鈍感な人もいます。**給料分の働きをしっかりしてもらえるかどうか、採用側はシビアに見極めています。**ちなみに「給料分の働き」とは、社会保険や雇用にかかる経費を含めると「給与支給額の3倍の粗利」を生み出し続けることを指すのが一般的です。

# 「自分は誰にどんな価値を提供できるのか」を一つでも多く見つける

## 「複数の選択肢」を持つことで、転職の幅が広がる

先に、営業と経理、両方を経験していることは大きな価値がある、と書きましたが、**自分が提供できる価値について意識ができていない人が極めて多い、**という印象を私は持っています。

「営業しかやったことがない」「数字を追いかけることくらいしかできない」。そんなふうに語っていたミドルたちがいましたが、きちんと彼らの話を聞いてみると「部下育成で成功した」「営業部の戦略立案に貢献した」「代理店ネットワークを開拓した」という人もいました。

営業という中にも、いろいろな経験、役割があります。これは他の職種も同様で、**経験や役割という観点でみると、自分が価値を提供できる仕事は間違いなくある。い**

や、**複数ある**はずなのです。

「営業しかできない」なんて言う人に、「いや、若手育成もできるじゃないですか」「戦略構築もできますよね」「代理店開拓もできますね」といった複数の価値が提供できていたことを思い出してもらえるだけで、転職の選択肢も大きく広がっていくことがご想像いただけると思います。

**複数の選択肢を持つことで、仕事の選択の幅を広げることにつながり、ひいては余裕にもつながります。自分が経験してきたことを、「担当してきた役割」という観点で洗い出してみることには大きな意味があります。**そうすることで、転職の選択肢を広げることができるのです。

もっというと、経験しなかった仕事でも、もともと学生時代に興味があった仕事でも、選択肢としては視野に入れてもいいと思います。「やったことがないから」と考えているかもしれませんが、提供できる価値とやってみたいことにつながりがあるかもしれない。

それこそ**やってきたことだけに限定して、経験してきたことだけでしか転職先はないだろうと自分の可能性を狭く押し込めてしまうことはもったいない。**実際には、そんなことはないケースもあるのです。

転職が**うまくいく人は、多くの選択肢を頭の中に描いています。**複数の選択肢を持っているのです。

## 自分の提供価値を「5W1H」で分解する

価値を生み出しているのに、それを自分でわかっていない人が多いのには理由があります。それは、そういう目で自分の仕事を見たことがないからです。

一つの方法は、過去の仕事を**「誰に何を届けてきたか」という5W1H（誰に、いつ、どこで、何を、なぜ、どのように）で整理すること**です。

例えば、会社への営業経験者なら、

「お客様は誰だったか」＝新しく開拓したお客様、長年のお取引先、法人、個人

「どんなタイミングで」＝新商品を売り出すとき、お客様が困っているとき
「どこで」＝担当している地域、新しく広げた市場
「何を」＝お客様の課題を解決する提案、仕事の進め方の見直し、高額商品、低額商品
「それはなぜ」＝お客様の売り上げを伸ばすため、経費を減らすため
「どうやって」＝提案の仕方を工夫、社内の関連部署と協力して

というふうに**「誰に何を届けたか」という振り返りを、日頃から行う習慣をつける**といいでしょう。

実際、私が話を聞くとき、「営業の仕事をしてきました」という人には、「では、その中で誰にどんな形で役立ってきましたか？」と聞きます。すると、次のような具体的な答えが返ってきます。

・「新しいお客様に」＝業界ならではの悩みを理解して、解決策を提案した
・「長年のお客様に」＝取引を広げて売り上げを増やす、困りごとを継続的に解決した

・「会社の中で」＝新しい市場の開拓方法を確立、後輩を育成した

ごらんのとおり、**質問が変わると、「何の仕事をしたか」ではなく、「どんな形で役立ったか」という考え方に変わっていきます。**言い換えれば、**どんな価値があるから給料をもらえているのか、が見えてくる**のです。

## 分業化した仕事でも「ビフォーアフター」からあなたの価値を洗い出せる

今の仕事の多くは分業化されています。たとえば、経理の経験がある人が「経理の仕事の価値って何でしょう？　説明が難しいです」ということがあります。確かに、会社全体の売り上げにどう貢献したかは説明しづらいかもしれません。

しかし、経理の仕事にも明確なビフォーアフターがあります。たとえば、

・経費の処理を早く正確に行い、処理時間が半分に
・お金の出入りの見通しを立てて、的確な判断の手助けに

・お金の流れを正しく把握して、問題が起きるリスクを減らす

同じように、仕入れの仕事なら、

・仕入れ値を下げて会社の利益に貢献
・新しい仕入れ先を開拓して安定供給を実現
・商品開発チームと協力して競争力のある商品づくり

と、これも**5W1Hで考えてみること**です。**日々の仕事やプロジェクトには、必ず「ビフォーアフター」がある**のです。

誰が困っていて、どんな工夫をして、どんな結果になったのか。具体的な例を挙げてみましょう。

・長年契約が取れなかったお客様に、こんな工夫をして商品を採用いただいた
・大きな案件が止まっていたとき、こんな取り組みをして契約までたどり着いた

・元気のなかった営業チームが、こんな取り組みで成果を上げるようになった

このように、**どんな仕事でも必ず「ビフォーアフター」は生まれています。それを具体的に示すことで、自分の価値が明確になっていく**のです。

複数の職種経験があるなら、これを職種ごとに伝えることができれば、面接官にも価値が理解しやすくなります。自社でどんな活躍をしてもらえるか、イメージをしやすくなります。

単に「月次決算をやってきました」ではなく、そのときに課題を感じて取り組んだタスクが箇条書きで書かれているだけでも、変わります。できれば、その業務の達成度や質についても触れるといいでしょう。ビフォーアフターをイメージして書いていくと、より相手に伝わりやすくなります。

こうした意識が、転職のチャンスを増やすことにつながっていくのです。

## 「同業種転職」でも「異業種転職」でも成功率は同じ？

### 「同業種同職種でなければうまくいかない」は勘違い

ミドルの転職というと、やはり**同業種同職種でなければうまくいかないのではないか、と考える人がいます。しかし、実はまったくそんなことはない、**というデータが存在します。

人材サービス産業協議会（ＪＨＲ）が「中高年ホワイトカラーの中途採用実態調査」を行っているのですが、そこでは、転職先が同業種でも異業種でも、成功率は同じ約50％という結果が出ているのです。

同業種／同職種は48・6％、同業種／異職種は51・5％、異業種／同職種は49・4％、異業種／異職種は47・7％。

それこそたとえば、出版社で編集をやっていた人が、不動産業界の営業に転職、といった大胆な異業種／異職種の転職と、不動産業界の営業から不動産業界の営業へという同業種／同職種の転職の活躍度は実はあまり変わらないというのです。

業種や職種を同じくする転職も、業種や職種が異なる転職も、半分くらいが活躍しています。**同業種同職種でしか活躍できないのではないか、と思っている人が多い中、実際には異業種から転職した人でも活躍している人は同じくらいいる**のです。

転職先を選ぶ際に、同業種同職種にこだわる必要は実はない、ということをぜひ知っておいていただけたらと思います。

## 実は「ベーシックスキル」が求められていた

ＪＨＲがまとめた「中高年ホワイトカラーの中途採用実態調査」ではもう一つ、興味深いデータがあります。それが「企業が採用時に評価する項目と、採用後になって評価すればよかったと思う項目」というものです。

「何を評価して採用に至りましたか？」という質問に対して、企業側が挙げたのは「専門職種の知識や経験」「業界での知識や経験」が上位を占めました。対して、「採用時にもっと評価しておいたらよかったと思うものはありますか？」という問いには、「人柄」「専門性以外の職務遂行能力」が上位に挙がっているのです。

要するに、**「やっぱり結局、人柄が大事なんだな」**と企業は感じているということだと思います。

そして「専門性以外の職務遂行能力」とはコミュニケーション力、協調性などの職場や業界でも通用する汎用的なスキルであるポータブルスキルのこと。業界知識や経験はもちろんですが、実はそれも求められていたということです。

これもまた、転職先を選ぶ際に、同業種同職種にこだわる必要はない、ということだと思います。人柄やポータブルスキルが実は大事だったと企業が考えているということは、異業種へのチャレンジは十分に可能性があるということ。

にもかかわらず、経験業種、経験職種に閉じこもってしまうことは、可能性を閉じ込めてしまうことにもつながりかねない、ということだと思うのです。

# 「会社を飛び出す」ことを恐れる必要はない

## 会社の「外の世界」が怖くなってしまう理由

**キャリアについて不安を持っている方の多くは、「同じ会社で同じ仕事をすることしかできない」と、自分で思い込んでいることも大きい**と私は感じています。

その会社、その仕事でしか活躍できない自分しか描けない。そうなると、外の世界が怖くなってしまったり、外で本当に自分が通用するのかわからなくなってしまったりします。心理的に宙ぶらりんな状態になってしまって、余計に不安になる。

これが30代あたりから始まり、40代、さらには45歳を超えたあたりから、どんどん大きくなっていきます。**年齢が上がるほど、その不安は増していくような構造**になっているのです。

だからこそ、**自分自身が、この会社、この仕事でしか価値を発揮できない自分に**

**なっていないかどうか、常に問い続ける**ことは大事になると思います。そして、同じ会社、同じ仕事以外でいかに通用するかを考えるとき、３つの「他」を意識すればいいと思います。

一つ目の「他」は、**「同業他社で自分は活躍できるだろうか」**ということです。業界が同じなので、これまでやってきた経験やスキルが最も活かせます。場合によっては、競合企業になったりするかもしれませんが、今持っているスキルを活かしやすい環境でしょう。

そこで通用しないかもしれない、となると汎用的なスキルが弱いということになるので、そのイメージを膨らませて想像することが大事になると思います。

## 「自分の流動性」をより高めていくきっかけ

２つ目の「他」は、**「他業界で自分がやっていけるだろうか」**と自問することです。たとえば、建築業界にいた人が商社に行く、製造業にいた人が情報サービスの世界に行く。

業界が変わると、これまでやってきた経験やスキルがストレートには活かせなくなります。逆に、何を持っていけば、他業界でもやっていけそうなのか、より意識するようになります。

これがポータブルスキルです。自分の中に、持ち運びができるスキルはどのくらい溜まっているのか。逆に、持ち運びができない、この業界とかこの会社でしか使えないスキルは何か、と仕分けができるようになっていく。

それは、**他の業界でいかに通用するか、自分は通用するのか、という問いを立てるからこそ、できること**なのです。

3つ目の「他」は、**「他の職種で活躍できるだろうか」**と考えることです。おそらく最もリスクが高く、言ってみればゼロリセットです。営業をやっていた人が人事をやる。研究開発をしていた人がマーケティングをやる。まったく違う領域の職種に挑戦することです。

**問うてみたいのは、「やってみたい職種があるのか」ということ。**あったとして、「そこに挑んでいく勇気はあるのか」、あるいは「キャッチアップして勉強してスキルを身につけていく覚悟はあるのか」ということです。

それをイメージすることは、自分の流動性をより高めていくきっかけになる。同じ会社で同じ仕事をするという思い込みから逃れることにつながります。

**同じ会社、同じ仕事、「この会社のこの仕事しかできない自分」という思い込みは、精神的にあまり健康的でない状況に追い込むリスクが高くなります。**

定年から自分の年齢を引いて、残りの10年、20年をどう過ごしていくのか。どう自信を持って働いていくのか。思い込みを捨て、それを考える一つのきっかけにしてもらえたら、と思います。

## とどのつまり、問われるのは「人柄」

これは定量的に証明しづらい話なのですが、ミドル転職のケースをたくさん見てきた転職エージェントの皆さんは、**「人柄がいい人ほど、満足度の高い転職を実現しやすい」**と口を揃えます。私自身もそういう方の転職をお手伝いしてそれは実感するところで、素直な人、腰が低い人、丁寧な人。会話をしていて、気持ちがいい人。ストレスを感じさせない人。そういう人は、50歳だろうが、60歳だろうが、すんなり決まっていくことが多い。

逆に、ここで引っ掛かりがあると、苦労することが少なくありません。とりわけ、**柔軟性がないな、と受け止められてしまうと、これはしんどい。**会社を替えるということは、いろいろな環境が変わるということ。それに対して素直に柔軟に対応してもらえないかもしれない、と捉えられると、採用されることは難しいでしょう。職場で言うことを聞いてくれない頑固な人になりかねないわけですから。

**「人柄が大事」という点を、転職やキャリアのノウハウとして取り上げるには、あま**

**りにも当たり前すぎる、と思われるかもしれません。しかし、転職が成功したたくさんのケースに接してきて、実際には最も重要な要素だと私は感じています。**

人柄によって、得た仕事についての捉え方も変わることが多く、同じ仕事に決まっても、「初めてこの仕事をする自分のような人間に、こんなに期待してもらってありがたい」と思える人と、「初めての仕事だからって、こんなに給料を下げやがって」と思ってしまう人がいるのです。

**同じ仕事でも、どういう受け止め方をするかで満足度は大きく違ってきます。満足度が高く受け止められる生き方は、人生の満足度を大きくできる**と思います。

## 人柄がいい人の多くは、「縁故」で決まる

実際のところ、**人柄がいい人は、転職エージェントなどは使わずとも、結果的に縁故（リファラル）な経路で決まることが多い傾向があります。**

「前の上司に誘われました」

「部下が転職した会社で偉くなっていて、声をかけてもらいました」

「会社を探していると話したら、知人が会社を紹介してくれました」など、「人は石垣」という言葉がありますが、キャリアにおいても同様です。人といい関係を築けている人は、仕事に困らない。そこには、人柄が大きくものをいうのではないかと思います。

それこそ、これまでのキャリアでどんな振る舞いをしてきたかも、こうしたところに現れてくるのです。

その意味では、**常に人として試されているのだと私は思っています。それによって、付き合いが広がったりする。チャンスが広がったりする。偉そうに振る舞うことが、のちにどんな意味を持ってくるのか、理解できないということなのでしょう。

それこそやはり、**問われるのは人柄**、なのだと思います。**人柄をよくするための努力。これもまた、転職のための重要なスキル**なのです。

## 思い切って「別の人生」を味わう、という選択

これらを踏まえたキャリアの相談を受ける際に多いのは、これまでのキャリアや

培ってきたスキルをできれば上手く活かして後半戦に臨みたい、という声です。

ただ、外部環境の変化が激しい場合、前半の20年で培ってきたキャリアや業界での経験が、後半になればなるほど世の中で必要とされる出番が減っていくことも多い。

**キャリアやスキルを活かしたいけれど、それが活かせる場面が少なくなっていきそうだという場合には、まるっきり未体験の仕事、やったことがない業界や仕事でもう一度、セカンドキャリアを作っていくという選択も、可能性としては大いにあり**だと思います。


残念ながら成長が右肩下がりになると予想される業界や仕事の場合には、逆にこの折り返しのチャンスを上手く使って、右肩上がりの業界に移る、という選択、判断をしたほうがいい。

あるいは、まったく経験はないけれど、もともと興味があった、やりたかった業界や仕事にチャレンジしてみるという働き方、選択もあるかもしれません。

これまでのキャリアをいったんゼロにしてしまう選択は、一時的には非常にリスクのある選択のように思えるかもしれません。しかし、**長い仕事人生、ここで思い切っ**

**てキャリアチェンジをして、別の人生を味わうという前向きな考え方をする人もじわじわと増えてきています。**

もともとやりたかった仕事もそう。年収や待遇が下がったとしても、時間をかけて後半戦で盛り返していく、という考え方もあります。**ここから20年あるのです。好きこそものの上手なれ、で、好きな世界でやるから成果も出しやすいし、成長できる**とも言えます。

人生の前半と後半は、戦略を考える土台が変わります。非連続なものになっていい。こんな観点も参考にして、セカンドキャリアを考えてみる機会にしては、と思います。

## ミドルが資格取得するなら「中小企業診断士」「第二種電気工事士」のどっち？

### 取得したから「転職に有利になるわけではない」資格

キャリア不安を持ち始めたホワイトカラーの皆さんがよく取る行動パターンの一つに「資格を取得する」という選択があります。そしてこのとき、ホワイトカラー出身者に人気の資格がだいたい共通しています。

たとえば、代表的なものが中小企業診断士。また、資格ではありませんが、ビジネススクールに通ってＭＢＡ（経営学修士）を取得するというケースも多い。いずれも、自分たちの経験してきたスキルを補強するタイプの自己研鑽だと言ってもいいと思います。だからこそ、ホワイトカラーの方々にとって親和性が高いのかもしれません。

しかし、**残念ながら中小企業診断士の資格を取得したからといって、ただちに転職**

**成功率の向上につながるわけではありません。**ビジネスパーソンとしての知見を深め、付加価値の高い見識を得ることができることは間違いありませんが、それがそのまま転職可能性を高めてくれるものかというと、そういうわけではない。

この事実は、知っておいたほうがいいと思います。

またMBAは、転職活動において一定の評価につながる側面はありますが、経営コンサルティングや経営企画の実務に携わる人が、実践向けの引き出しを仕事のツールとして身につけておきたいと考えて学ばれることのほうが多いと思います。

かつては大企業で、幹部職を嘱望された選抜若手社員が、社費でMBA留学するようなケースもありましたが、修了後に外資系企業に転職してしまう現象が続発して、社費留学は減少してきています。

**MBAは、同世代で似たようなバックグラウンドを持つ人とのネットワークを社外にも作るという価値も強いのですが、転職が当たり前になった今では、その人脈は個人に帰属するものだということがわかってきた**とも言えます。

## 「定年後」にコンサルティングの仕事ができる?

同じように中小企業診断士も資格取得に時間とコストがかかります。海外でのMBAも自費で行くとなると1000万円以上かかりますし、国内でもそれなりの費用がかかる。

そうすると、そのコストを取り返したい、とばかりに高報酬を求めるケースも少なくなく、これがまた転職の難易度を上げるという悪循環が起こりやすくなります。**自己武装のためのコストがかえってミスマッチの原因になる**という構造です。

中小企業診断士は、その名前のイメージから、「取得するとすぐに中小企業の経営指導ができるのではないか」と思わせてしまう側面があるようです。中小企業診断士の資格が取れれば、定年後にコンサルティングの仕事で食べていける、マイクロ起業できると考えている人もおられますが、**実務経験がなければコンサルティング契約につながるケースはそうそうあるわけではありません。**

現実に多いのは、40代、50代のもっと早いタイミングで自分の業界スキルや職種スキルに中小企業診断士の資格の知識をプラスして、独立していくパターンです。これは、資格を持っているから、という理由よりも、**もともと持っていた業界スキルや職種スキルをコンサルティング事業に昇華させることができたご自身の力量によるものと考えたほうがいい**と思います。

## 「エアコンの取り付け工事」で年収1000万円

このように、取りたい資格を取っても必ずしも転職に成功できるわけではありませんが、**実はホワイトカラーが意識もしていなかった資格に、大きなポテンシャルがある**ことが知られていません。たとえば、**「第二種電気工事士」**。

難易度が近いところでホワイトカラーの方々に親和性が高い資格は、不動産の「宅地建物取引士」がありますが「第二種電気工事士」は比較的、取りやすい資格にもかかわらずこの資格を取ると、たとえば、エアコンの取り付け工事ができるという現実の仕事に直結する効果があります。**エアコンの取り付け工事業で、マイクロ起業すれ**

**ば、年収1000万円は確実だと言われています。**

これは実体験している人も多いかもしれませんが、エアコンの取り付け工事は今、大工や内装などと同様、需要が大きく、工事の供給がまったく間に合っていないのです。夏場や冬支度の季節ともなれば、数週間待ちはザラ。つまり、それだけ人手が足りないのです。

いきなりの独立は難しいかもしれませんが、資格を取得してエアコンの取り付けを事業にしている会社にまず入社することは決して難しいことではありません。そこで**経験を積み、やがて独立するという選択肢もあります。**

最初は現場仕事になるわけですが、ニーズの多さを考えれば、資格取得者を雇っていずれは経営者になる、ということも不可能ではありません。しかも、自分の会社ですから、定年もない。

**実は、人手がまったく足りておらず、稼げる領域があるのに、対象となりえる方にほとんど知られていない情報のミスマッチがあります。**

## 需要が沸騰してホワイトカラーを超えつつある「資格系ガテン職」

ホワイトカラーが人余りになっているニュースはよく流れますが、インフラを支える産業は人手が足りなくて困っています。大工がいないので、新築の家もなかなか建てられないし、リフォームもなかなか進められない。こういう現実があるのです。

とりわけ、**いわゆる「手に職」系で、かつ資格が必要な「資格系ガテン職」は、需要が沸騰していて、食い扶持としての価値がどんどん上がっています。**

労働マーケットに対して敏感な人は、この流れに気づいて動き、さっそく成功する事例も出てきています。しかし、市場の変化をあまり見ていないと、昔ながらのイメージが固定観念となってしまっている。それこそ「ホワイトカラー的な難易度の高い資格のほうが、マーケットでは優位性が高いのではないか」と思い込んでしまっているのです。現実に需要があり、収入的にも有利な資格が「第二種電気工事士」なのに、です。

他にも**「ボイラー技士」**の需要も旺盛です。この資格が活かされる職業は、ビルの設備管理。商業ビルにはだいたいボイラーがあり、空調などを司っています。それを管理し、点検して回るのが、ボイラー技士の資格取得者です。**管理業務ですから、案外、ホワイトカラーにも近い。**これまた、知られていない転職に有利な資格なのです。

# 40代、50代でこれまでと「180度違う」キャリアを歩む手もある

## 営業職から「ドライバー」に大転身？

エアコンの取り付けや設備管理の仕事のポテンシャルについて紹介しましたが、身近にも大きなポテンシャルを持ったインフラ系の仕事があります。その**代表職種がドライバー**です。**タクシードライバー、バスのドライバー、トラックドライバー、宅配ドライバー、介護車両ドライバーなど、いずれも人手が足りない**ことがニュースにもなっています。

乗客を乗せるタクシーやバス運転士への転職にあたっては、自動車運転免許の二種資格が必要になりますが、雇う会社側の支援が手厚く、就職後に資格取得へトライすることができるケースも多い状況です。

**ドライバー職は、ホワイトカラーに比べて長く働くことができるケースも少なくな**

**い。**自ら宅配会社を設立するなど、マイクロ起業も、もちろん不可能ではありません。

これからますます需要が拡大し、大きなバリューがある仕事であることはご想像いただけると思います。

たとえば長年営業職で活躍してきた人からすると、まったく未経験のドライバーに転職できるのかと不安を抱かれるかもしれませんが、現実にはまったく問題がありません。物流系であれば、**普通免許さえあればすぐにでも働くことが可能**です。

ところが、そういう選択をする人はまだ多くはありません。ホワイトカラーをやってきたミドル世代からすると、「今までやってきた仕事と違いがありすぎる」「自分の経験が活かせない気がする」などという反応が多い。需要や収入が見込めても、心理的に根強い抵抗感が存在しているようです。むしろ、**だからこそ競争相手が少ないチャンス**だともいえます。

## 「すぐにでも就ける仕事」を、なぜ選択しないのか？

**ホワイトカラー経験が活かせる事務系や営業系の仕事で、ミドル世代が活躍できる**

**機会はどんどん減ってきている。その割に希望者が多いので、競争率も高く、これが求職活動の期間を長引かせる要因にもなっています。**

ならば、多くの求人があるドライバーの仕事や「ガテン職」は、なぜ選ばれにくいのでしょうか。実は建築、土木、介護、物流などの業界の現業である**エッセンシャルワークは、不況にも強い**のです。エアコンは買い替え需要もありますし、高齢化社会を考えればタクシー需要が伸びることは必至。車がある限り、整備士の需要もなくなることはありません。

それなのに、なぜこうした仕事は選択肢に入りにくいのでしょうか。人手不足が叫ばれているにもかかわらず、です。その理由として、**これらの仕事の存在を知っていても実需の規模やメリットが認識されていないのかもしれません。働く選択肢として捉えられていない可能性があるのです。**

確かに、長年培ってきたホワイトカラーのスキルが活かせないという思いがあるかもしれません。また、もしかすると心のどこかに「ガテン職」＝「３Ｋ（きつい・汚い・危険）職場」という先入観が根付いていないでしょうか。

しかし実際には、ドライバー職などの働き方は、どんどんホワイト化が進んでいます。トラックにしてもバスにしても、安全性への配慮から無理をさせることが減ってきています。つまり、**ホワイトな環境で働ける**のです。ただ、**そのことが十分に知られていない**のが現状です。

**学校での成績や学歴と、その後の人生の成功には必ずしも相関関係がない**ことを、私たちは時に忘れがちです。実際、多様な道筋を経て、社会で重要な役割を果たし、充実した人生を送っている方々が数多くいらっしゃいます。

たとえば、現場の仕事で責任ある立場に就き、多くの人々を率いている方がいます。その方の年収は、一般的なサラリーマンを大きく上回ることも珍しくありません。また、造園や空調技術など、専門性の高い分野で卓越したスキルを磨き、一流の仕事を任されている方もいます。

大工や左官職人、解体業や料理人など、独自の道を歩み、その分野で成功を収めている例も少なくありません。進学より、早く手に職をつけるために中卒や高卒で職人を目指した友人が、今や自営業者として活躍し、経済的にも安定した生活を送っているケースもあります。

こうした方々の多くに共通しているのは、**学歴に頼るのではなく、自らの技能を磨き、チャレンジを続けてきた**という点です。そして、彼らの多くは**定年や役職定年といった制約にとらわれず、需要のある限り働き続けることができます。**長期的に見れば、生涯年収で従来型のホワイトカラーを上回る可能性も十分にあります。

また、彼らは**必ずしも会社に依存せず、自立した働き方を選択**しています。この点で、環境の変化に適応する能力が高いと言えるかもしれません。

さらに、これらの職種では人手不足が深刻化しており、今後ますます需要が高まることが予想されます。このような状況を、私たち全員が認識し、考慮に入れる必要があるでしょう。

大切なのは、**既存の価値観や固定概念にとらわれず、自分自身の可能性を広く探ること**です。それによって、より豊かな人生の選択肢が開けるかもしれません。多様な成功の形があることを理解し、それぞれの道を尊重する社会を築いていくことが、今後ますます重要になってくるのではないでしょうか。

## 戦略的に「資格系ガテン職」を選び、人生の二毛作を成功させる方法もある

人生100年時代、70歳まで働きたいという方が増えている中で、「資格系ガテン職」は非常に有望なセカンドキャリアの選択肢だと考えられます。これは、ホワイトカラーの仕事でマイクロ起業をする以外の魅力的な道筋となり得るでしょう。

重要なのは、**60歳間際になって慌てて選択するのではなく、40代や50代から戦略的にキャリアプランを立てることです。これまでとは異なる分野で新たな人生を歩むことを、前向きに検討してみる**のはいかがでしょうか。

「資格系ガテン職」の魅力は、比較的参入障壁が低く、需要が安定している点にあります。さらに、40歳以上、50歳以上の経験豊富な人材を歓迎する求人も少なくありません。現代の中高年は、まだまだ元気で活躍できる可能性を秘めているからです。

技術の進歩によってＡＩ・ＩＴ化が進んだとしても、インフラ系の現場仕事がなくなることは考えにくいでしょう。たとえば、エアコンの取り付けや料理、運転など、

人間の手技や判断力が必要な仕事は、当面はＡＩに取って代わられることはないと予想されます。

一方で、ホワイトカラーの仕事を続けた場合、役職定年後の数年間は充実感を得られにくいと感じる方もいらっしゃいます。そこで、**40代や50代からセカンドキャリアとして新たな分野にチャレンジし、20年ほど異なる人生を経験することで、トータルでより長く、そして充実して働ける可能性が広がる**のではないでしょうか。

もちろん、十分な金融資産があれば、地方でゆったりとした第二の人生を送ることも選択肢の一つです。しかし、そうでない場合でも、新たなスキルを身につけ、収入を得ながら、これまでとは異なる充実した人生を送ることができるのです。

「資格系ガテン職」が秘めている可能性について、多くの方々に知っていただきたいと思います。これは、**単なる転職や職種変更ではなく、新たな人生の扉を開く機会となるかもしれません。**自分自身の可能性を広げ、社会に貢献し続けるための選択肢の一つとして、ぜひ視界に入れていただきたい分野です。

## 若い人に伝えたい「小遣い稼ぎの副業は自分の価値を高めてくれない」

これは若い人にもぜひ知っておいてほしいことなのですが、**副業のもったいない使い方はしないほうがいい**、という話です。会社が副業を許可しているからと、隙間時間を使ってお小遣い稼ぎのために、内職のように副業をやろうとする人がいるのですが、これは**キャリアとして永遠に実らない**、というのが私の見解です。

**せっかく副業をやるのであれば、自分の力を知る副業をやってみるべき**です。実験のように副業を使う。新たなチャレンジのために使う。何が売れるのかを知るために使う。

それこそ、お小遣い稼ぎの副業でちまちま内職するくらいなら、本業でもっと頑張って、出世するなり、年収を上げるなり、を考えたほうがいいと思います。脇見をして**本業を毀損《きそん》するだけのような副業はやめたほうがいい。**

**一方で、自分の力を知るトライにできる副業に、まったく興味がないというのも問題です。**今では、自分のスキルを他人に買ってもらえるプラットフォームがたくさんあります。「ココナラ」「ランサーズ」「クラウドワークス」「タイムチケット」「顧問サービス」などのプラットフォームは無形のスキルが売り買いされています。そのマーケットがあるのです。

## 「売れるスキル」も、アピールの仕方次第で売れなくなる

これらのプラットフォームを見に行き、実際、登録してみたらいいと思います。そうすれば、自分のスキルが売れるスキルなのかもわかります。もっと言えば、せっかく売れるスキルなのに、アピールの仕方が下手で売れなくなることにも気づけたりする。

実際、このケースはとても多いです。**特に転職経験の浅いミドルの場合は、自分の売り方を知りません。**だから、転職活動でもうまく自分をアピールできない。トンチンカンな自己アピールで自爆してしまったりします。

副業プラットフォームに登録すると、そんなリスクにも気づくことができます。しかも、**細かくアピール方法を変えながら、どうすれば売れるようになるか意識できるようになります。**

## 「私は大手企業で営業をしてきた」が売れない理由

たとえば、わかりやすい例で「デザインができます」というスキルの売り出しがあったとします。しかし、「デザインができる」というスキルの持ち主は山のようにいるでしょう。これでは、発注者に刺さるアピールにはなりづらい。

では、一歩踏み込んで「ウェブデザインができます」としたら、どうでしょうか。なるほど、インターネット領域のデザインができるのか、となる。しかし、「ウェブデザインができる」というだけでは、発注者は具体的な発注イメージを持つことはできないでしょう。

さらに踏み込んで、「会社のホームページが作れます」としたら、どうでしょうか。「採用オウンドメディアの編集やデザインができます」だったら、どうでしょうか。

発注者に、具体的な「利用シーン」を思い浮かばせることができるのです。

持っているスキルは同じ「デザインができます」でも、3つのスキルアピールで、これだけの印象の違いが出る。そしてこれは、転職する際でも実はまったく同じです。先にも少し触れていますが、**「これができます」といくらアピールしても、採用側が具体的に「利用シーン」をイメージできなければ、「わが社で役に立つ人材だ」ということにはならない**のです。

必要なのは、具体的に**「こういうスキルを使って、御社のこういうところにお役に立つことができます」と言えるかどうか、**なのです。この発想転換をするのに、副業プラットフォームであれこれトライするのは、大いに役立ってくれると思います。どういう売り込み方をしたら売れるのかを試行錯誤する。相手の需要を予測して、先回りしてアピールできるようにする。言ってみれば、転職のマーケティングセンスが磨ける、ということです。

実際、ミドル世代の方に多いケースに「私は大手企業で営業をしてきた。だから営業でお手伝いします」というアピールがあります。有名大手企業で結果を出してきたのだから需要があるはずだ、と自認しているケースですが、このままではほとんど引き合いはありません。

必要なのは、顧客を想像し、相手の需要を想像し、**「自分の経験のどこが、どう相手に役立つのか」**という具体的な利用シーンをきちんとアピールできること。このポイントは、転職活動とまったく違いはありません。

## 「マイクロ起業家」として独立できるか、実験しよう

そしてもう一つ、副業プラットフォームの活用方法として、極めて有効だと思えるものがあります。それは、**「マイクロ起業家」として独立・起業するときに、自分にどんな商売が成り立つのか、手探りできる**ということです。

先にも触れていますが、**ミドル転職の選択肢は会社を替わることだけではありません。雇われる生き方から、雇われない生き方へとシフトし、自ら事業を手がける起業家に転職してもいい**のです。そうすれば、定年はなくなりますから、60歳の壁も、65歳の壁もない。一生、仕事を続けることもできます。

たとえば、経理の経験者が月次決算を請け負う事業を起こす。あるいは、営業経験者が営業代行を担う事業を起こす。マーケティング経験者が、そのスキルをマーケティングコンサルティングに使う。

自分のスキルを使って、そんな**「マイクロ起業」ができるかどうか。そのニーズは果たしてあるのか。それを知る際に、副業プラットフォームが役に立ちます。**登録をしてみて、どんな案件が来るのか試してみる。そうすることで、本業化の可能性があるかどうかの芽を探ることができる。

それこそ**副業というよりも、「本業化のトライアルを行う本業化実験」と捉えてもいい。**結果的に独立・起業が難しいということがわかったとしても、近いスキルにどんなニーズがあるかなど、いろいろな学びが得られるはずです。

こういう話をすると、「いやいや、そもそも副業は会社で禁止されているから」などという声が返ってくることがあります。率直に申し上げて、それは**現実逃避の言い訳にしているだけ**だと思います。

「収入を得ると副業になる」というなら、最初は少しずつボランティアで腕試しをさせてもらうという方法もあります。無償でも、やる価値は大いにあります。実際には、力のある人は知人やかつての取引先から相談を受けたり、アドバイスを求められたりしています。実は自分を売り出す前から、事実上の副業をしているというケースは珍しくありません。

そうやって**社外との接点を作ることから始めてみるのが現実的**かもしれません。

# 「いつでも会社を辞められる自分になる」ために大切なこと

## 「自分の現在地」を知るところから始めよう

転職をするにせよ、いずれはマイクロ起業を目指すにせよ、「いつでも会社を辞められる自分」になるために、ぜひ取り組んでおいてほしいことがあります。それは、**自分の立ち位置を知っておく、**ということです。

人が不安になるのは、わからないことや未知数のことが多い時です。それがモヤモヤとしていたり、ぼんやりとしているから。だから、はっきりと判断ができない。これからのことが予測できない。逆に言えば、**不安を打ち消すには、不透明なことを知る努力をすればいい**ということになります。

まずは、自分の現在地です。同年代の日本中のビジネスパーソンがいる中で、自分の現在地はどこなのか。

転職市場は、募集をする企業と転職を考える人の2つの因子で成り立っています。この全体バランスの中で、**自分はいったいどれくらいの位置にいるのか、どれくらいのポジションにいるのかを知る**のです。

自分はいろんな企業から引っ張りだこの売り手市場にいるのか。それには、今までやってきた経験やスキル、マネジメント力、さらには今いる業界がどんな状況になっているか、ということも関係してきます。

逆に、買い手市場にいるのか。自分と似たような経験を持った人がたくさんいて、いくらでも代わりがいると思われているような状況にあるのか。あるいは、そこまで代わりがいくらでもいるわけではないが、自分に来てほしいと思っている企業は少ない状態なのか。

**自分の同世代のビジネスパーソンの中で、偏差値的に見たときに、どれくらいのポジションにいるかを、まず知る**のです。この**現在地点がわからないという人が、とても多い。わからないから不安になる**のです。

## 「スカウトサービスに登録」あなたにどんな連絡が来るか？

自分の現在地を知る方法はいろいろあります。わかりやすい方法で言えば、**スカウトサービスに登録すること。**どんな求人が来るか、どんな企業からスカウトが届くのか、確かめてみることです。

スカウトサービスは、ビズリーチやリクルートダイレクトスカウト、デューダX、エン・ミドルの転職など、さまざまにあります。自分の職務経歴をそれらの会社に登録してみる。それはつまり、マーケットに自分を出してみるということです。

そうやって**初めて、マーケットの反応を知ることができます。売り手市場にいるのか、買い手市場にいるのか。そのレベルはどれくらいなのか。自分の現在地がわかる**のです。こんなふうに、スカウトサービスを活用する方法もあるのです。

現在地を知る方法のもう一つは、**異業種や同業の社外の友人・知人に話を聞いて、客観的に自分のスキルがどう見られるか、聞いてみること**です。できれば、腹を割って話せる友人・知人に聞くといい。

転職エージェントに登録して、キャリアアドバイザーの意見を聞く、という選択肢もあります。

## 「自分に需要がある」とわかったらやるべきこと

自分の市場におけるポジショニングがわかったら、グッと気持ちは落ち着けると思います。自分に需要があるのか、ないのかが、わかるからです。

相対的に自分は仕事や企業を選べる立場にいるな、とわかったなら、次のステップに一歩踏み出してもいい。自分がやりたいことを優先して、やりたいことから順番にアプローチしていくのです。

やりたいことが決まらない、というのであれば、自分を求めてくれる企業やポジション、仕事、案件の中で、自分がやりたいもの順にレスポンスをしていくやり方もあります。

一方、次の仕事を選べるようなポジションにはなく、ひとまず会社は出ないほうがいい、今はじっとしていたほうがいい、と判断した場合は、**ここから数年で時間をか**

**けて会社から出られるような取り組みを考えていく必要があります。じっとしていても、状況が変わることはない**からです。

まず、どんな産業や仕事に需要があるのかを洗い出す作業をやってみてもいいでしょう。需要がある仕事とは、たとえば、ＩＴや医療、データサイエンスなどの先端領域が見えてきたりします。そういう方向に進めないか。

あるいは、需要はあるけれど、なり手が少ない不人気業界も狙い目です。先に紹介しているインフラ系、ガテン職系なども、わかりやすい例です。需要はあるわけですから、実はポテンシャルは大きい。需要が多い産業は、単純に成長・安定企業だけではなく、いろんな構成要素から成り立っているのです。

**少なくとも避けなければいけないのは、伸びていない業界やこれから右肩下がりになる業界です。今、自分がそんな業界にいるなら、なおさらです。**

産業として世の中に必要とされていて、求人として需要が多い業界はどんな業界なのか、どんな仕事なのか。

まずは求人需要が多い業界を洗い出して羅列し、経済新聞や業界研究本などをもとにそれらを徹底的に調べ上げるのはいい方法です。調べ上げたら、**その中で自分がやってもいいかな、と思う業界や仕事、興味がある業界や仕事を洗い出し、優先順位をつけていく。**そんな作業をしていくのです。

## 転職直後1年目の「年収上下」に一喜一憂してはいけない

転職しかり、マイクロ起業しかり、転身を考えるとき、直後の待遇にこだわる人が少なくありません。しかし、**転身から1年目の年収が上がった、下がったというのは、長期的に見れば本質的な話ではありません。**

転身直後の瞬間の切り口を見るのではなく、たとえば転身後の3年間で、どんな見通しで仕事ができそうなのかを意識する。できるだけ中長期のモノサシを基準に選んでいくことが大切です。

転身先にはどんな評価制度があり、どんな成果を出したら、3年後にはどんな年収になりそうなのか。そのほうがよほど、重要です。

# 第4章

## 「理想的な転身」をかなえるために
### 転職活動で心得ておくといいこと

会社を辞めたい、転身したいと考える理由は、人それぞれあると思います。人間関係の問題、会社の業績悪化、産業自体の衰退……。ただ、**無事に転身ができたとしても、何の課題もない、ということにはなりません。**

**過剰な期待を持って転身するのは危ない。むしろ転身で環境を変えるというより、環境を変えることによって自分自身を変える。そんな覚悟を持っておいたほうが、その後、うまく成功し、満足度高く働ける人が多い印象があります。**

転身は環境を変えるのではなく、自分を変えるものだという意識を持っておくのです。

## 転身後の「楽観シナリオ」「普通シナリオ」「悲観シナリオ」を描いておく

キャリアチェンジについての活動がうまく進められない、という方も多いかもしれません。その中でも多いパターンが、**転身前後、とりわけ転職後のシナリオが一つしかないケース**です。

転職にせよ、独立・起業にせよ、当然こうなればいいな、というプランを持って転身するわけですが、ポジティブな想定だけで、楽観的なシナリオしか持っていない人が多い。**しかし、シナリオが一つしかないと、予定が狂った時に慌ててしまい、別の失敗を誘発してしまうことになりがち**です。

楽観シナリオを持つことは大切なことですが、同時に悲観シナリオも持っておく。複数のシナリオを活動前に作っておくことです。

ここで大事になるのが、**今回の転身で得たい目的をはっきりさせておくこと**です。単純に悲観シナリオを作るだけではなく、それが2年後に達成できなかったら、そのタイミングで次に移る活動を開始する、といった事前の策の発動条件をしっかり決めておくのです。

何がいつまでにどうなっていたらこうする。何がいつまでにこうなっていなければこのアクションを起こす。いつ、それをやる。そういうことを決めておく。それも転身後3年くらいの見通しの中にパターンとして仕上げておく。

当初、想定していたこと以外の出来事が起こることもありますが、少なくとも**ある程度、想定できる範囲をイメージしておくことで、慌てることなく、時間を無駄にす**

**楽観シナリオ**

| | |
|---|---|
| 1年目 | 新しい環境に順応 |
| 2年目 | 主要プロジェクトで成果を出す |
| 3年目 | 昇給・昇格を実現、部下の育成も担当 |

**普通シナリオ**

| | |
|---|---|
| 1年目 | 基本的な業務を習得するも、成果は限定的 |
| 2年目 | 徐々に仕事の幅を広げ、<br>小規模プロジェクトで成果を出す |
| 3年目 | 一通り業務をこなし評価を安定させる |

**悲観シナリオ**

| | |
|---|---|
| 1年目 | 想定以上に適応に時間がかかる |
| 2年目 | なんとか基本業務はこなせるも、<br>期待される成果には届かず |
| 3年目 | 成長が頭打ちの可能性、次の一手を検討開始 |

**ることなく、次のステップに向かえる。**

これもまた「いつでも会社を辞められる自分」への第一歩になります。そしてそれは、誰にでもできる備えなのです。

# 第5章

# 「雇われない」で生きていく

## 「雇われない意識」が、最強の会社員を作る

05

## 会社で働きながら「株式会社じぶん」を作る

### 「いつでも会社を辞められる」という人たち

これまで多くのミドル世代の方々の転職に関わってきた経験から、いい転職をした方々は、みなさんどこか「いつでも会社を辞められる」という意識をお持ちだったと気づきました。彼らにとって、会社を辞めることや転職することは、特に恐れるべきことではないようで、それ以上に「自分」を大切に、キャリアに向き合っておられるように思えました。

「自信」の背後に見えるのは、自分への信頼で、この源を、私が定義するなら「株式会社じぶん」という考え方だったように思えます。

**「株式会社じぶん」とは、自分を一つの会社と捉え、在籍している会社を「取引先」と見なして、この株式会社を経営していく、という考え方です。**

自分を「株式会社じぶん」とすると、現在の勤務先は取引先で、毎月得ている給与は、自分が提供した価値や成果に対する対価、つまり売り上げです。

このような考え方に立つことができると、給与を得るためには相応の成果を上げる必要があることがわかります。**給与は自動的に支払われるものではなく、自身の努力と能力によって獲得するものだと自覚しているの**です。

報酬を得るために、常に自分の能力を客観的に評価し、コストをかけてスキルアップに励みます。それが「株式会社じぶん」の**「投資」**に当たるでしょう。

たとえば、自分を「株式会社じぶん」に見立てて経営する意識があれば、転職は単に取引先を変更するだけのことになります。自分の提供できる価値を明確に理解しているため、新しい環境を見つけることも比較的容易になるでしょう。

「株式会社じぶん」の考え方は、**単なる転職戦略ではなく、自分のキャリアを主体的にコントロールする一つの方法**と言えるでしょう。

この考え方を取り入れることで、より自信を持ってキャリアを構築し、変化の激しい現代社会に柔軟に適応できる可能性が高まります。

## 「独立」はリスキー？　会社にいればリスキーじゃない？

ミドル世代の方々の転職相談の場において、私から40代や50代の方々に次のような質問をすることがあります。

「これまで培ってきたスキルを活かして、フリーランスとして働くことは考えられませんか？」

しかし、多くの方々からは次のような反応が返ってきます。

「独立なんてとても考えられません。リスクが高すぎるのではないでしょうか？」

そんな反応を聞くたびに、いつも私は「本当に大きなリスクがあるのはどちらだろうか？」と思ってしまいます。**現在の会社に留まり続けるか、あるいは他の会社に転職したとしても、将来が保証されているわけではありません。**どの会社にも定年制度があり、定年延長があったとしても65歳までしか働けない会社がほとんどです。

「70歳まで働きたい」と考えると、そこには5年のギャップがあります。さらに、役職定年から10年余りとしても、本当に充実した職業人生を送れるでしょうか。その前にリストラに遭遇する可能性も否定できません。

労働市場や就業環境は刻々と変化しています。特殊技能を持つスペシャリストへの高報酬が増加傾向にある一方で、一般的なホワイトカラーの給与は頭打ちになりつつあります。中間層の年収は、労働市場の中でどんどん下方に移動している傾向があります。

ＡＩの本格的な導入が始まり、この傾向はさらに加速します。事務作業の多くがＡＩに置き換わり、実際、すでに大手の転職エージェントでは、多くのマッチング作業がＡＩによって行われるようになっています。

**経営者の視点からすれば、高給で人材を雇用し続ける必要性が薄れてきている**のです。これまでのように、中間層のホワイトカラーが身柄ごと会社に雇用されるという形態は、今後ますます難しくなっていくでしょう。

率直に言うと、**45歳以上の方々が今後のキャリアを考えるうえで、独立したプレイヤーとして自立していく選択肢を真剣に検討しておく必要性は非常に高まっている**と考えています。

このような変化は、決して悲観的に捉える必要はありません。むしろ、自分自身のキャリアを主体的に考え、新たな可能性を探る絶好の機会と捉えることができるでしょう。これまでの経験やスキルを活かしつつ、時代の変化に適応していく柔軟性が、これからのキャリア構築には不可欠だと考えます。

## 「月10万円×10社」で年1200万円を稼ぐという考え方

企業は現在、長期間にわたって社員を丸抱えすることを避ける傾向にあります。一方で、労働力人口の不足も現実の問題です。この状況下で起きているのが、労働力の外部化です。

**アウトソーシングや派遣の活用はその一例ですが、個人がこの流れに乗ることもできるのではないでしょうか。** 実際、労働力の小分け化も始まっています。

1人を年収1000万円で雇うのは難しくても、年間120万円、つまり月10万円でその役割の一部を担ってもらうことは可能です。このようなニーズを持つ企業は少なくないと考えられます。確かに、年間120万円、月10万円では個人の生活は成り立ちませんが、この会社だけに専属で雇用されるわけではありません。

では、月10万円、年間１２０万円の小分けされた仕事を10社から獲得できたらどうでしょうか。単純計算で月１００万円、年収１２００万円に相当します。**年収１０００万円で雇ってくれる会社を見つけることは容易ではなかったとしても、年１２００万円の仕事を10社から引き受ける方法もある**のです。

企業にとっても、労働力不足への対応策となりえます。労働力を小分けにして、流動的な労働力に任せることで、結果的に必要な総労働力を確保できます。

企業側のリスク軽減だけでなく、個人にとってもリスクを分散できる点に注目してほしいと思います。10社との取引があれば、１社を失っても残り９社があります。また、新たに1社獲得すれば元通りです。

これがフリーランスの働き方の一例です。果たして、これは「リスキーな」働き方と言えるでしょうか。むしろ、**会社を辞めた途端にすべてを失う可能性のある従来の雇用形態よりも、リスクが小さく、可能性を秘めている**と思います。

面談で「転職しか考えられない」と言われた際、私があえてこのように問いかけることがあります。

「なぜそこまで人に雇用されたいのですか？　その考え方はどこで身についたのでしょうか？　それほどまでに雇用されることにこだわる理由は何でしょうか？」

私がこう問いかけるのは、**働くとは、雇用されること、という古い常識に疑問を持ってほしいからです。**自分で事業を始めるという選択肢を持つ。そのためにも、まずは「株式会社じぶん」の発想を持つことで、自分自身のキャリアと人生に対する姿勢を変えてほしいからです。

それは、より自立した、そして自分らしい生き方につながるからです。

# 40歳以降「自分という会社」をどう経営する？

## なぜ「株式会社じぶん」を意識するべきなのか？

私は「株式会社じぶん」を意識しよう、という話を、これまでたくさんの場でしてきました。会社員であったとしても、それこそ自ら起業した人であったとしても、自分という存在を仮想の法人、株式会社でも有限会社でもいいので、法人として考えて戦略を練っていく必要があるのです。

とりわけ**会社勤めをしている人には、常に危険が付き纏います。**正社員として会社に属していれば、毎月、決まった日にほぼ一定の給料が振り込まれ、そしてそれが繰り返されていく。

ただ、**その給料に見合った価値を個人が提供しているのかといえば、実際にはそんなことがない場合も少なくありません。**たとえば売り上げにかかわる業務に携わっていたとして調子がいい月もあれば、不調な月もある。波があるのです。

集団で大きな仕事をしていく会社は、その波の衝撃を吸収して、定常的に決まった金額を給料として社員に振り込んでくれる。この安定こそが会社で働くことの大きなメリットなのです。

ところが、これが**40代、50代とキャリア環境が厳しさを増していく年代になっていくと、自分が提供している価値と得ている収入の関係がはっきりと感じられなくなっていきます。あるいは、感じなくてもいい状態がどんどん長引いていく。それだけ長きにわたって、給料をもらい続けてしまうからです。**

しかし、この状態は、セカンドキャリアや人生後半のキャリアを考える際に、良くない影響を及ぼすことが少なくありません。

## 「実際の仕事成果」と「給料」とのギャップを測れる状態にする

端的に言えば、感覚が磨耗してしまっている状態です。それを防ぐことができるのが、「株式会社じぶん」という、仮想の法人です。「株式会社じぶん」は会社と契約して報酬を得ています。たとえば「今日振り込まれた分は、先月の〇〇の仕事の報酬である」あるいは、「実は先月はあまり成果が出なかった、本来はここまでの給料はもらえないはずだが、セーフティネットとして支給されたものだ」というように、実際の仕事と給料との差分を測れる状態を作っておくのです。

**人生後半のキャリアを考えるうえでは、シビアに成果と報酬とを見比べることがとても大事**です。

そしてもう一つ、「株式会社じぶん」を意識したなら、持たなければいけないのが、「個人としての経営戦略」です。それを考えるうえで最も大事なのが、

**「自分は、誰にどんな価値を提供したいのか」**

という意思を確定させることです。これが「株式会社じぶん」設立に際して、最初にやるべきことです。先にも触れた、「何がやりたいか」です。

## 「できるかどうか」ではなく、「したい」を事業にする

「誰にどんな価値を提供したいのか」は、違う言葉で言えば、「自分のＷＩＬＬ」で

す。**会社で言えば、企業理念。ビジョンであり、ポリシー**です。これを、自分の意思を込めて言えるかどうか。

「自分はこんな価値が提供できる／できそうだ／したほうがいいんじゃないか」といった評論家的な言い方ではなく、**当事者として、「自分は誰にどんな価値を提供したいのか」はっきり言える。**これは、最初の重要なポイントです。

**問われてくるのは、意思としての自分の能動的な思い**です。これが、「株式会社じぶん」を動かす最大のモチベーションになるからです。

そしてここで大前提となるのは、あなたの「株式会社じぶん」に需要があることです。誰がどんなことで困っている。だから、この価値を提供することに意味がある。提供したい価値を求めている顧客が存在している。それをしっかり意識する。

「おそらくこんなことで困っている人がいるだろう」という想像上のニーズではなくて、現実に困っている顧客がいる。そこに自分のスキルを提供すると喜ばれるということが見えているか。会社で言えば事業内容です。

**「株式会社じぶん」の事業内容がはっきり見えているということは、提供できる価値について、しっかり説明ができる状態になっているということ**です。顧客は誰で、その人に何をもたらすのか、事業戦略があるということになるのです。

## 競争相手をリアルに想定すれば、「差別化」が見えてくる

事業内容を決定するとき、多くの人が間違えてしまうのは、自分がそれまでやってきたことを業務内容にしようとしてしまうことです。あるいは、自分ができることをベースに提供価値を決めたいと考えてしまう。

しかし、**自分がやってきたこと、できることに需要が見つけられなければ、事業としては成立しません。**また、過去には需要があったけれど、これからどんどん需要が減っていく、ということになれば、事業としての将来性に疑問符がつきます。

また、大きな会社に勤めていたから、拾うことができる需要もあります。個人として請け負うには、あまりにキャパシティにギャップがある、ということになれば、需要になりません。

**需要の有無をしっかり確かめて、事業内容に、戦略にリアリティを持たせる必要があるのです。**

そしてもう一つ、「誰にどんな価値を提供したいのか」を考えるとき、注意しなければいけないのは、「どんな競争相手と戦っていくか」です。その**競争相手に対して、どんな優位性を自分は発揮できるのか。どんな差別化ができるのか。それをしっかり描いておく。**

競争相手は、同業、同僚の場合もありますし、異業種のライバルになることもあります。ただ、競争相手を意識することで、自分の提供する価値の差別化ポイントが見えてきます。戦略を描く上で、これが大いに活きてくるのです。

自分のスキル、専門性を広く、細かく洗い出します。営業職なら、法人向けの営業なのか個人向けの営業なのか。売るのは高額商品か低価格商品か、新規開拓かルート営業か、リアル訪問かオンライン営業など、自分の専門性の「特性」を改めて明確にして、その特性に応じて専門性を磨いていきます。

## 55歳でリストラ、「株式会社じぶん」を作った実例

### 「次は役員か」と思いきや、まさかの肩叩きに

ある日本を代表する大企業に30年以上勤めた方がいました。順調に昇進を重ね、55歳で事業部長に就任。執行役員、さらには取締役への道も見えてきたと考えていました。仮にそうならなくても、ある程度のポジションで定年延長ができるだろうと思っていたところ、**55歳で突然、予想外の「肩叩き」に遭遇した**のです。いわゆるリストラでした。

上司から面談に呼ばれた際には、むしろ良い話があるのではないかと期待したそうです。しかし、実際に告げられたのは厳しい現実でした。

「君は今回、リストラ候補の対象になっている」

そして、想定外の関連会社への転籍を前提とした出向を言い渡されたのです。

まったく予想していなかっただけに、**頭の中は真っ白になった**そうです。この話をする際には、目に涙が浮かび、額に汗が滲み、落ち着きを失うほどの大きなショックを受けたことが伝わってきました。

## 「ここまで動揺してしまうのか」という自分への驚き

出向を受け入れるか、それとも会社を辞めて転職するか。相当に悩んだ末、私のところに相談に来られました。1回当たり1時間半ほどの面談を2カ月の間に3回行い、最終的に出向を受け入れる決断をされました。

しかし、本人の落胆ぶりは数カ月で癒えるものではありませんでした。決断後もかなり意気消沈されていました。それでも、出向先に行くということで、ひとまず私とのご縁は終わりました。

**人は、想定外のキャリアの分岐点に突然直面すると、やはり大きく動揺するものだ**と改めて感じました。順調に出世された方でしたから、安定した幹部社員の風格もあり、心理的にも安定した印象がありました。

しかし、**それでもここまで動揺してしまうのか**と、私自身も衝撃を受けました。ご本人の衝撃は、想像を絶するものだったのではないでしょうか。

ところが3年後、私はまた驚くことになるのです。

## 経験を活かし、「同業向けのコンサルティング事業」を

3年ぶりに連絡をいただき、お茶を飲みながらお話をすることになりました。**久しぶりにお会いすると、すこぶる元気な様子**でした。以前お会いしたときの、消沈し切って、不安そうだった印象とは別人のようでした。

心身ともに復活し、見違えるほど堂々と、自信に満ちた状態になっていたのです。

これには私もうれしく思い、お話もとても楽しいものでした。

出向という決断をした後、新たな展開がありました。出向先の会社に行き、2年も経たないうちに、退職の道を選択されたのです。長年の営業経験に加え、経営企画や人事など、さまざまな職種を経験されていました。その豊富な経験を活かして、同じ

業界の中小企業向けのコンサルティング事業を開業されたのです。

業界では名の知れた大企業での経験があります。そこで積んだ豊富なノウハウを、同じ業界の中小中堅企業で活かす。実際、営業戦略の立案支援や営業同行、さらには経営戦略の策定支援まで、幅広いサービスを提供されていました。

業界に特化した形で、経営コンサルティングのような業務を、フリーランスの形でスタートされたのです。すでにクライアントは4社あり、報酬も前職時代と遜色ないものになっていました。

まさに、リアル「株式会社じぶん」の実現ですが、何より大きかったのは、**自分の力が必要とされる場所、自分が頼りにされる場所を見つけられたこと**だったようです。これによって**自信が回復し、見違えるような変化を遂げられた**のです。

## 「独立なんて、自分にできるはずがない」と語っていた人が

個人事業主として独立されましたが、もともと独立することはまったく考えていな

かったそうです。

実は私が相談を受けていたときに、業界内でのキャリアが長かったので、そのノウハウを求めている企業向けに事業コンサルティングもできるのではないか、という提案をしていました。しかし、当時の返答はこうでした。

「独立なんて、とんでもない。そんなリスクがあることができるはずがない」

私の提案に対して、頭から否定されていたのです。

ただ、出向先での日々は、やはり充実したものにはならなかったようです。最初の1年は気持ちが落ち込んだままでしたが、2年目になると、それなりに自分が貢献できることを見つけたそうです。しかし、やはり十分な充実感は得られませんでした。

自分の力量が十分に活かせない、事業規模が小さすぎるという思いが消えなかったのです。

**独立についてはまったく想像していなかったそうですが、大きな壁にぶつかり、悩みに悩む中で、フリーランスのコンサルタントという道を自ら見出すことができました。**そして、自ら退職を決め、自らクライアントの獲得に挑戦していった結果、自信を回復されたのです。

## 人間は年をとっても「ここまで変われる」

思い切った背景には、十分な資産がなかったことも影響していたようです。まだまだ稼いでいく必要がある。生活を維持していく必要がある。そんな中でリストラという事態に直面してしまった。

**人間、厳しい状況に直面すると、新たな力を発揮することがあるのかもしれません。ゼロからの出発を覚悟し、思い切って起業に踏み出してみた。すると、予想以上に充実した日々が待っていたのです。**

3年前の状況を知っていただけに、人間は年齢に関係なく、ここまで大きく変われるのだと、改めて彼から学ばせていただいた気がしました。

**何歳になっても、可能性は存在します。**眠っている可能性がどこかにあって、それを開花させることができるのです。「50歳までこの仕事をやってきたから、もうこれしかできないだろう」という**固定観念や諦めの気持ちを持っている人も少なくありませんが、それはあまりにもったいないことです。いざというときに覚悟を決めれば、**

**人間は思わぬ力を発揮できる**のです。

数十年、第一線で働いてきたミドル世代。その底力を信じてみることは、とても大切だと思います。新たな挑戦の機会は、予想外の形で訪れるかもしれません。それを前向きに捉え、**自分の可能性を信じて行動することで、未知の扉が開くことがある**のです。

## 「業種」×「職種」専門コンサルティング業のポテンシャル

### 「明日、経済紙記者から突撃取材を受けて持論を語れるか？」

前項で触れた男性が、50代後半で立ち上げた「株式会社じぶん」は、前職の大企業での30年以上の業界経験を活かしたコンサルティング事業でした。この**「業種」×「職種」の専門コンサルティング業は、40代、50代の「株式会社じぶん」の事業内容として、大きなポテンシャルを持っている**と私は感じています。

それを実現させるためにも、在職中から強く意識を持っておいたほうがいいことがあります。それが、40代、50代になって、大きく花開いてくるのです。

まず、その**業界の職のプロになること**です。業界、業種、職種でプロとして生計を立てられるくらいになっておく。

自動車業界で営業をやってきました、ハウスメーカーで建築をやってきました、広告業界でクリエイターをやってきました……。

どんな「業種」×「職種」でもいいのですが、プロを目指す。それで生計が立てられるだけの力量をつける。まずは、プロ性を意識するのです。

かつて勤務したリクルートで、私は上司からよくこんな話を聞かされました。**「明日、経済紙の記者から、日本の雇用はどんな展望か、と取材されたら答えられるか？」**

自分の専門分野については、いついかなる時に取材を受けても答えられるのが、プロだという趣旨です。入社2年目でも、3年目でも、たとえば求人広告の営業を担当しているのであれば、その問いに答えられないといけない。

「いや、私は採用広告を売っているだけですから」

「ウェブ広告の金額しかわかりません」

「そんな大きな話はわからないです」

などという気持ちで仕事をしていたのでは、この分野のプロにはなれません。雇用のプロになろうとするのであれば、新聞の取材に答えられるくらいに常に勉強しておかなければいけないのです。

そしてこれは、すべてのビジネスパーソンに当てはまります。「業種」×「職種」のプロとして、明日、経済紙の記者突撃取材を受けた時に自分なりの論や説を語ることができるか？　あなたの所属業界の課題や展望を教えてくださいと言われて、どんな予測を語れるか？

これはプロを目指そうとしているかどうかのリトマス試験紙です。そして、**自分の業界や仕事の領域での課題や展望をしっかり語れる人は、プロとしての専門性を売れる可能性がある**と思うのです。

## 「御社はここが課題ですね」と語れるようになる

自分の業界や仕事の領域での課題や展望をしっかり語れるとは、どういうことか。

つまり、**同業他社に行ったとき、「御社はここが課題ですね」「ここをもっとこうしたら成長できるのではないでしょうか」と言える可能性がある**ということです。

これこそまさに、「業種」×「職種」の専門コンサルティング業です。ところが、多くの人がそういう対応に慣れていません。「いや、自動車メーカーで車を売っているだけなんです」で終わってしまっている。「日本の自動車メーカーはこうあるべき。顧客との接点でそれを日々感じていた」などということは、なかなか出てこない。

これが言えるか言えないかは、当事者意識の有無を表しています。**やってきたことに対しての当事者意識が高い人は、プロ性の高さとも通じるものがあります。**「こうなっている、だから、こうしたほうがいい」という持論があるのです。

しかし、これは本来的にはそんなに難しいことではないはずです。日常、顧客と接していれば、おかしいと思うことはいくらでもあるはずなのです。それを自覚的に意識できているか、できていないか、というだけのことだと思います。

**40代にもなっていれば、知らず知らずのうちに経験は積み重ねられているはずで、持論を形作る材料は、豊富にあるはずなのです。それを日々の訓練としてアウトプットしているかが、差を作ります。**

## 「再現性の構造」が明らかにできていれば、応用できる

これは転職市場でも威力を発揮します。**同業同職種で転職するとき、語れる内容が変わってくる**のです。たとえば、最終面接で社長と会ったとき、業界の課題を踏まえたアピールができる。

「業界では、こういう課題がある。自分が入った暁には、その課題を踏まえた取り組みをしたい」

こういう会話ができれば、**「採用したい」だけでなく、「業務委託で仕事をお願いしたい」という選択肢が生まれる可能性も高まる**のです。

そして業界、業種から、さらに職種にまで踏み込むと、さらにポテンシャルは広がっていきます。自分のポータブルスキルに着目して、得意なことをアピールすればいいのです。

「若手育成が得意です」

「顧客との関係性を仕組み化するのが得意です」

「中小企業向けのＤＸ提案の仕事をしていました」

これもまさに、採用につながるばかりでなく、コンサルティング事業としても有望です。実際、こうしたメニューを掲げているコンサルタントやセミナーは少なくないのです。

営業経験者は「こんな営業成績を上げました」「MVPを取りました」などとアピールしがちですが、**スキルを別のところで活かすことも考えられる**のです。

たとえば、**「若い営業パーソンの教育のプロフェッショナルです」、といった突き抜けたスキルがあるのであれば、「横」にも展開ができる。こういうことに気づけている人は多くはありません。**

リクルートの営業経験者は、自らのスキルを使って数多く独立しています。代理店向けの営業教育のノウハウを使い、そのまま事業にした人もいます。代理店構築のノウハウを、他の事業に応用して展開している人もいます。

私自身も、求人サイトや人材紹介会社の仕組み化や、どうやって業績を上げるかについての提案など、コンサルティング事業を展開しています。

コンサルティング事業のポイントは、「なぜ売り上げが上がったのか」「なぜうまくいったのか」という再現性の構造をしっかり理解できているかです。再現性の構造が明らかにできていれば、応用が可能だからです。また、同業のみならず異業種でも活用できるかもしれません。

# 長い仕事キャリアで成功を得るために「自分」とどう向き合う？

## 「他人の活躍ぶり」に心を乱されそうになったら

いろいろな方々にキャリアについての話を本音ベースで聞いている中で、一つ驚いたことがありました。これはミドル世代の方だけに限りませんが、**他人の活躍ぶりを知って、精神的に揺さぶりを受ける経験を持つ方が、思った以上に多かった**ことです。

自分の年齢や経験が近い同期が出世していく姿は、やはり気になるものなのでしょう。最初に課長に昇進するのは誰か。執行役員になったのは誰か。取締役に抜擢されるのは誰か。同期が出世していくのに、自分は課長のまま、部長のまま、となれば、どうしても比較をしてしまいます。

また、そもそも後輩だったり、部下だったりした社員がどんどん活躍をしていき、気がつけば上司になっていたりする。さらには部長、執行役員、取締役と出世していったりする。これもまた、ショックは大きいようです。**他人の活躍ぶりを知って、精神的に揺さぶりを受けたとき、どう乗り切るか。それは、長いキャリアで成功を得るための最大のポイントになるのかもしれない、**と私は感じています。

## 誰しも、「キャリアのアップダウン」を体験する

実際、出世競争で追い抜かれたりすると、同期と比べたり、後輩と比べて「自分が劣っているのではないか」と思ってしまう人は少なくないようです。ただ、**新卒で入社したとき、能力的に同期の中で大きな差があるのかというと、実際にはほとんど差がない状況でスタートを切るのが、一般的**だと思います。

会社ごとに採用基準があり、それをクリアしてきた人たちが同期なのです。ある程度、似たような学歴を持っていて、近しい価値観や思考を持っていて、肉体的な力、あるいは精神力を含めて、そんなに大差のない人たちが集められているものです。

ただ、その後、どんな仕事をするかだったり、人との出会いだったり、さまざまなご縁だったり、そういうものも含めて、キャリアの伸びていき方は、人それぞれの波形を描いていくことになります。

**誰しも、キャリアのアップダウンのようなものがある**のです。キャリアがグッとアップするのには、人によっていろんな時期がある。停滞期やキャリアダウンの時期もあったりする。

実際には、山あり谷あり、なのです。そして、その長さやタイミングは、人それぞれに違う。人それぞれの波形があるのです。

## 諦めてはいけない。手を抜いてはいけない。「得意」を手放さない

**いつかどこかで陽が当たる時期が来る。そんな機会を手にするためのポイントの一つは、自分のポテンシャルをしっかり使い切ることです。そのためにやらなければいけないのは、まわりと比べて自分はダメだと自信を失い、諦めてしまわないこと。**

諦めてしまったら、電源が一旦オフになるようなもので、新たに学ぶことすらでき

なくなってしまうからです。**心理的に凹むことがあったとしても、諦めてはいけない。自分を見捨てたりしない**ということです。

ポイントの2つ目は、**仕事の手を抜かない**ことです。**想像しなかったことが起こって心理的に凹んでいても、目の前の仕事はきっちりやる。お客様のためにやらなければいけないことは、絶対に手を抜かずにやり切る。それを継続する。**

これが、のちにチャンスを手にできるかどうかの大きな境目になるのではないかと思っています。

そしてポイントの3つ目は、**自分の強みだと思っていることを絶対に手放さないこと**です。強みとは、自分の持ち味でもあるし、自分が唯一、自信が持てるプライドの源泉だと思えるようなこと。誰にでも1つや2つ、あるいはそれ以上、そういうものはあると思うのです。

この強み、自分の得意なことを手放さない。それを武器として磨き続ける。そうすれば、遅くなるかもしれないけれど、大器晩成で花開く可能性が高まる。

30代、40代になって、これまで20年もやってきて、今さら花が開くことなんてあるのか、と思う人もいるかもしれませんが、**諦めてはいけない。手を抜いてはいけな**

**い。自分の得意を手放してはいけない。それを続けていれば、いつか日の目を見ることができます。**

仕事人生は長いようで短い。その貴重な仕事人生を、どう働き抜くか。そこには、自分らしさが求められてきます。

ぜひ一人でも多くの人が、自分らしく納得できる仕事人生を味わえることを願っています。

# おわりに

この数年、「リスキリング」や「リカレント教育」という言葉がよく使われるようになりました。背景には、産業構造が変化する中で、新しい仕事にキャッチアップできないミドル層やシニア層、主に40代以降のベテラン層のスキルを更新し、新しい時代の現場に適応した労働力として活躍してもらいたいという狙いが存在します。

ただ、40代以上の方々一人ひとりと向き合ってお話をしていると、スキルをゼロから更新することなど、自分とは別世界の話だと思っている人が少なくありません。もとより、今さら自分が新しいことを身につけていける自信がない、と考えている人も多くおられます。

しかし、人生100年時代はすでに始まっています。同時に、ビジネス環境の変化には著しいものがあります。70歳、80歳まで働かなければいけない人、働いていきたいという人も、劇的に増えていくことになりそうです。

そう考えれば、40歳や50歳は、現実にキャリアの折り返し地点でしかなく、その段階で新しいスキルを身につけてセカンドキャリアを目指すことは決して「遅すぎる」ことでも「珍しい」ことでもなくなっていくはずです。むしろ、40歳、50歳から、まったく新しいことを勉強し、キャリアを自ら再編集していくことがスタンダードになる可能性もあります。

その意味で、「こんな年齢になって、学んでももう遅い、学んでも意味がない、キャリアは変えられない……」という自分の中の先入観は、自分の可能性の前に立ちはだかる「壁」と言ってもいいかもしれません。仮に70歳まで働くとしたら、40歳からのキャリア人生は、最低でもまだ30年もあるのです。

40歳以降の自分のキャリアについて、多くの人々がより深く考える時間を割くべきなのは、未来の自分をどう形作っていくかということだと思います。私自身、50代を

## おわりに

迎えた瞬間に「がん」という大きな病を経験したことで、時間というかけがえのないリソースをどう使うのか、ということの重要性を痛感しました。誰しも時間は有限です。そして、時間とは〝命そのもの〟なのです。

年齢を経ていくと、これまで送ってきた時間、過ごしてきた人生について頭を巡らせることが多くなる人が少なくありません。しかし、むしろ年齢を積み上げれば積み上げるほど、未来の自分に与えられた貴重な時間をどうデザインできるかに意識を向けることのほうに価値があると考えています。何歳になっても、ファイティングポーズを取って前を向いて進んでいく姿勢がとても大切になります。

「45歳の自分はこうありたい」「50歳の自分はここまで到達していたい」

今の自分やこれまでのキャリアを振り返るよりも、未来の自分がどうありたいのかを自分で決め、ありたい自分から現在までを逆算して、その道筋を作っていくこと。勉強するのもよいでしょう。新しい業界に飛び込んでゼロから修業を重ねるのもよいでしょう。思い切って、まったく異なる職種を目指すのもよいでしょう。何歳になっても、それは可能なことなのです。

それこそ、どんなことでも5年間、つまり「1万時間」取り組めば、プロの域に達することができると言われています。この1万時間をどう用いるかを、できるだけ柔軟に考えることが、自分の可能性を広げることにつながります。

どんな職種や役割を目指すか、どんな価値を誰に提供したいのか、雇われること以外の働き方を検討すること。思い込みを排除して、未来の自分に相応しい選択をし、必要に応じた学びをすること。

「いつでも会社を辞められる自分」になるということは、自分の人生の主導権を自分の手に握り直すということにほかなりません。ぜひ一人でも多くの方々が、何歳になっても、仕事を楽しみながら人生に向き合い、自己肯定感を深く実感できる日々送れることを願っています。

## おわりに

最後になりましたが、本書の作成にあたっては、この企画を着想してお声がけくださったサンマーク出版の編集者、武政秀明さんにお世話になりました。また、構成にあたっては、30年来の仕事仲間でもあるブックライターの上阪徹さんに大変お世話になりました。この場を借りて、感謝申し上げます。

一人でも多くの方が、「いつでも会社を辞められる自分」になれますように。

２０２５年4月　黒田真行

**黒田真行**（くろだ・まさゆき）
**ミドル世代専門転職コンサルタント**

1965年兵庫県生まれ、関西大学法学部卒業。1988年、リクルート入社。以降、30年以上転職サービスの企画・開発の業務に関わり、「リクナビNEXT」編集長、「リクルートエージェント」HRプラットフォーム事業部部長、「リクルートメディカルキャリア」取締役などを歴任。2014年、リクルートを退職し、ミドル・シニア世代に特化した転職支援と、企業向け採用支援を手掛けるルーセントドアーズを設立。30年以上にわたって「人と仕事」が出会う転職市場に関わり続け、独立後は特に数多くのミドル世代のキャリア相談を受けている。著書に『採用100年史から読む　人材業界の未来シナリオ』（クロスメディア・パブリッシング）、『35歳からの後悔しない転職ノート』（大和書房）など。
https://x.com/damadama777

**いつでも会社を辞められる自分になる**

2025年4月20日　初版印刷
2025年4月30日　初版発行

著者　黒田真行
発行人　黒川精一
発行所　株式会社サンマーク出版
〒169-0074　東京都新宿区北新宿2-21-1
電話 03-5348-7800
印刷　株式会社暁印刷
製本　株式会社若林製本工場


ISBN978-4-7631-4217-7　C0030

定価はカバー、帯に表示してあります。落丁、乱丁本はお取り替えいたします。
ホームページ　https://www.sunmark.co.jp